# 라운드는 계속된다

여행한끼TV, 골프와 삶을 잇는 작은 기록

# 라운드는 계속된다
여행한끼TV, 골프와 삶을 잇는 작은 기록

글·사진 **조명연**

**현대작가사**

**여는 글**

## 다시, 나를 걷다

**인생은 한 번뿐이다. 그래서 우리는 늘 더 나은 삶을 꿈꾼다.**

몇 년 전, 오랜 시간 몸담았던 대학에서 명예퇴직을 하며 나는 새로운 삶을 꿈꿨다. 이제 그동안 미뤄왔던 일들, 해보고 싶었던 것들을 마음껏 누릴 수 있으리라 생각했다. 하지만 현실은 달랐다. 꿈과 계획은 있었으나, 막상 어디서부터 시작해야 할지 몰랐다.

그렇게 하루, 한 달, 그리고 몇 년이 흘러갔다. 문득, 나는 스스로에게 질문을 던졌다.

"지난 시간 동안 나는 무엇을 했을까?"

생각해보니 손에 남은 것이 없는 듯했다. 그러나 우연히 내 오래된 유튜브 채널을 살펴보다가 깜짝 놀랐다. 어느새 동영상 업로드 개수가 686개나 되어 있었다. 개인적인 기록과 일상을 담아왔던 영상들이 이렇게 많이 쌓여있다는 사실이 신기하면서도, 조금은 자랑스럽기도 했다.

**그러다 문득 떠올랐다.**

"유튜브를 더 전문적으로 해보면 어떨까?"

은퇴 후 새로운 목표를 찾고 싶었던 나는 자연스럽게 '유튜버 크리에이터'라는 가능성을 고민하기 시작했다. 하지만 유튜브를 한다고 해도, 어떤 콘텐츠를 만들어야 할까?

깊이 고민한 끝에, 나의 일상을 돌아보았다. 지금의 나는 '은퇴 생활자'다. 그리고 최근 몇 년 동안 건강한 식습관과 생활 방식을 고민하며, 이를 실천해 나가고 있다.

그렇다면 "건강한 은퇴 생활"을 주제로 소소한 일상을 공유해 보면 어떨까? 나와 같은 길을 걷고 있는 은퇴자들과 소통하며, 함께 공감할 수 있는 콘텐츠를 만들고 싶다는 생각이 들었다.

새로운 유튜브 채널을 만들면서, 나는 '건강과 여행'이라는 나의 오랜 관심사를 중심으로 콘텐츠를 만들어보기로 마음먹었다. 그렇게 탄생한 것이 바로 〈여행한끼TV〉다. 아직은 첫걸음을 뗀 지 얼마 되지 않아 20여 개의 영상이 올라와 있지만, 나의 '다시 시작한 인생 티샷'처럼 매 순간을 담아내고 있다.

### 건강한 은퇴 생활이란 무엇일까

건강한 은퇴 생활이란 단순히 운동하고 건강한 음식을 먹는 것만이 아니다. 나를 즐겁게 하는 것들을 찾고, 새로운 도전을 해보는 것이 아닐까.

예를 들어, 한겨울의 추위를 피해 태국 등 남쪽 나라에서 한두 달 살기를 실천해 보는 것. 아니면, 오래전부터 친구들과 가고 싶었던 해외 골프 여행을 떠나 그 여정을 기록하는 것. 이런 작은 경험들을 모아 유튜브에 담는다면, 나처럼 은퇴 후 새로운 길을 고민하는 사람들에게 작은 영감이 될 수 있지 않을까?

마침, 오랜 친구들과 함께 해외 골프 여행을 계획하게 되었다. 몇 년간 미뤄왔던 꿈이 현실이 되는 순간이었다. 하지만 현실은 또 달랐다. 막연한 기대와는 달리, 매일이 즐겁기만 한 것은 아니었다. 외로움과 막연한 불안, 의미를 잃어버릴지 두려운 마음이 다시 밀려왔다.

### 다시 찾은 건강의 힘

그때 다시 붙잡은 것이 '건강'이었다.

수년간 영양 균형에 신경 쓴 식단을 꾸준히 유지하고, 수많은 건강 도서를 읽으며 지식을 쌓았으며, 다양한 건강 세미나에 참석해 몸과 마음을 다지는 방법을 배웠다. 꾸준한 노력 끝에 건강 지표가 눈에 띄게 개선되면서, 삶에 대한 자신감도 되찾을 수 있었다.

몸을 돌보고 마음을 가꾸는 일이야말로 인생 2막을 가장 빛나게 만드는 힘이라는 것을 절실히 깨달았다. 이제 나는 유튜버로서, 그리고 건강한 삶을 기록하는 사람으로서 새로운 여정을 시작하려 한다. 그동안 쌓아온 건강 실천 경험과 지혜를 바탕으로, 나와 같은 길을 걷고 있는 이들에게 작은 도움이 되고 싶다.

### 이 책은 그 첫걸음이다.

은퇴는 끝이 아니다. 오히려 새로운 시작이다. 이 여행의 기록이, 그리고 건강을 향한 여정이, 나와 같은 길을 걷고 있는 누군가에게 작은 용기와 희망이 되기를 바라며 첫 장을 펼친다.

## 축사

## 워싱턴에서 시작된 우정, 그리고 새로운 모험에 대한 기대

　법학 박사 조명연 교수님이 이번에는 법학이 아닌 골프와 여행 이야기를 흥미롭게 풀어낸 특별한 책을 선보이셨습니다. 읽는 내내 감탄과 웃음이 절로 나오며, 조 교수님의 폭넓은 경험과 지혜, 그리고 골프와 여행에 대한 깊은 통찰을 고스란히 느낄 수 있었습니다.

　인간의 발가락은 원래 원숭이처럼 물건을 움켜쥐는 그립(grip) 기능을 가졌지만, 진화 과정에서 직립보행에 적응하며 그 기능이 바뀌었습니다. 철학자 가브리엘 마르셀은 인간을 '호모 비아토르(Homo Viator)', 즉 발로 여행하는 존재라고 정의했습니다.

　조명연 교수님의 다시 시작한 인생 티샷은 바로 스스로 '호모 비아토르'가 되어가는 여정이라 생각합니다. 여행을 통해 자신과 세계에 대한 새로운 깨달음을 발견하시길 응원합니다.

　조 교수님과의 첫 인연은 워싱턴 D.C. 유학 시절로 거슬러 올라갑니다. 늦은 나이에 가족을 동반하고 미국에 온 우리는 가족 단위로 함께 여행하고 식사할 만큼 가까운 사이가 되었습니다. 당시 골프에 입문한 저에게 조 교수님은 1시간을 운전해 저희 집까지 오셔서 직접 골프를 가르쳐주셨고, 제 골프 입문의 은인이 되어주셨습니다.

귀국 후 조 교수님은 대학에서, 저는 은행에서 각자의 길을 걸었지만, 우리는 수어지교水魚之交처럼 다양한 접점을 유지하며 지금까지 지혜와 정보를 나누고 있습니다. 특히 최근 2년간 몰아친 AI 물결 속에서 우리는 이것이 단순한 유행이 아님을 직감하고, 워크숍 등을 통해 AI 시대를 함께 개척해 나가는 동반자가 되었습니다.

책 출간을 진심으로 축하드리며, 이번 출판을 시작으로 '80일간의 세계일주'를 쓴 쥘 베른처럼, 조 교수님께서 지구 한 바퀴를 돌며 겪는 흥미진진한 여행 이야기를 '아라비안 나이트'처럼 펼쳐내시는 순간을 기대합니다.

조지워싱턴대 동문  **박정희**

축사

# 인생이라는 필드 위에 시 한 편을 남기다

조명연, 내 오랜 친구의 이름이다.
고등학교 시절부터 지금까지 반세기 가까운 세월을 함께 걸어온 벗이다. 나는 문학과 언론의 길을 걸었고, 그는 법학의 강단에서 후학을 가르쳤다. 서로 다른 길을 선택했지만, 우리 삶의 본질은 '쓰는 사람'이라는 점에서 늘 닮아 있었다.

그는 골프채를 들고 인생이라는 필드를 누비며 삶을 새로이 설계했고, 나는 펜을 들고 마음의 풍경을 더듬으며 시를 써왔다. 그는 스윙 하나에 집중하는 사람이고, 나는 시어 하나에 사유를 쏟는 사람이다. 그에게 라운드는 삶의 실천이고, 나에게 시는 내면의 울림이다. 전혀 다른 도구지만, 결국 우리는 둘 다 '시간을 꿰고 기록하는 사람'으로 살아왔다.

이번에 출간된 그의 책 『라운드는 계속된다』는 단지 은퇴 후의 여행기나 건강 실천 기록이 아니다. 그것은 인생의 뒷부분에서 마주한 새로운 챕터를 향한 담대한 티샷이자, 누구나 다시 출발할 수 있다는 조용한 선언이다. 골프공이 공중을 가르며 새 궤적을 그리듯, 그는 삶의 무게를 툭툭 털고 다시 스윙하는 법을 배웠다.

나는 지금껏 골프채 한 번 잡아본 적이 없는 '비골프인'이다. 그 세계가 낯설면서도 매혹적인 이유는, 친구 조명연이 그 안에서 자신의 새로운 인생을 발견하고, 그것을 문장으로 엮어냈기 때문이다. 나는 골프를 몰라도, 그가 쓴 글 속에서는 '다시 시작하는 인간'의 숨결을 고스란히 읽을 수 있었다. 그의 티샷이 날아간 방향을 따라가다 보면, 결국 '자기 자신'이라는 퍼팅 그린에 도달하게 된다.

그리고 나는 시를 써왔다.
사람들은 종종 시가 삶과 동떨어진 것으로 생각하지만, 사실 시야말로 가장 진실한 삶의 기록이다. 조명연이 필드에서 배운 인내와 집중, 반복과 비움의 태도는 내가 시를 통해 익혀온 감정의 언어와 무척 닮아있다. 우리는 각자의 방식으로 '삶을 예술로 전환해 온 존재'였는지도 모른다.

그는 골프라는 매개를 통해 '몸을 통과하는 정신의 힘'을 배웠고, 나는 언어를 통해 사유로 살아내는 생의 무늬'를 좇아왔다. 그가 스코어를 넘어선 관계와 여행의 이야기를 기록했듯, 나도 시를 통해 순간의 감정을 시간의 언어로 남겨왔다. 결국 우리는 서로 다른 그린에서 같은 질문을 품고 살아온 셈이다. "지금 이 삶의 의미는 무엇인가."

이 책은 그러한 질문에 대한 한 사람의 치열하고 진지한 답변이며, 인생 2막을 준비하는 이들에게 유용한 지침서이자 따뜻한 위로가 되어줄 것이다.

나는 이 책을 내 친구의 오랜 진심이자, 아직 끝나지 않은 한 편의 시로 받아들인다.

　친구 조명연,
　네가 걸어온 길을 존경하고, 네가 다시 시작한 이 여정을 응원한다.
　언제나 그래왔듯, 나는 너의 오래된 독자이자 영원한 벗으로서 이 책의 다음 페이지를 함께 기다리고 있겠다.

　시처럼, 골프처럼, 인생은 계속된다.

　　　　　　　　언론인 · 시인　**장건섭**

**축사**

## 50년 우정이 지켜본 끝없는 도전자의 새로운 출발

나는 조명연 교수를 중학교 시절부터 알고 지낸 가장 가까운 친구다. 고등학교 때는 같은 방에서 하숙하며 하루 종일 붙어 다니던 절친이었다.

그 시절 영어 공부에 몰입하던 그의 모습을 보며 나는 속으로 생각했다. '아, 이 친구는 우리와는 다른 길을 걷겠구나.' 대부분 상업고등학교를 졸업하면 은행이나 기업에 취업하던 시절이었는데, 그는 직장생활에만 만족하지 않았다. 대학에 진학했고, 대학원까지 마쳤으며, 결국 미국 유학까지 다녀왔다.

유학을 마치고 돌아온 그는 20년 넘게 대학 강단에 섰다. 그리고 어느 날 교수직을 내려놓고 홀연히 또 다른 삶을 향해 나아갔다. 솔직히 나는 놀라지 않았다. 그의 삶을 오래 지켜봐 온 나는 그가 늘 새로운 길을 개척해온 사람이라는 걸 알고 있었으니까.

은퇴 후 그는 건강에 깊은 관심을 갖게 되었다. 건강 관련 책을 읽고 세미나에 참석하며 열정을 쏟고 있다. '내가 인체에 대해 너무 모르고 살아왔구나'라며 중학교 생리학을 다시 공부하고, 해부학에도 관심을 가지며 몸을 이해하려 애쓰는 모습이 참 인상적이다.

최근에는 세포, DNA, 마이크로바이옴까지 파고들며 연구하고 있다. 장내 환경이야말로 건강의 핵심이라며 장 건강에 대해 배우고 탐구하는 그의 모습은 정말 멋지다.

이제 그는 교수에서 '여행과 건강'을 주제로 글을 쓰는 작가로 새로운 길을 걷고 있다. 더 나아가 유튜브 크리에이터로서도 활동하며 자신만의 독특한 시각으로 여행과 건강을 결합한 콘텐츠를 만들어 가고 있다. 오랫동안 그의 인생을 지켜봐온 친구로서, 나는 이 변화가 너무나 자연스럽게 느껴진다. 오히려 앞으로 그가 어떤 세계를 열어갈지 무척 기대된다.

이번 책을 보니 그는 작가로서도 감성적인 글로 독자의 마음을 충분히 움직이고 있었다. 참으로 자랑스럽고, 오래된 친구로서 진심으로 기쁘다.

중·고등학교 친구 **김종선**

**축사**

# 책 속에서 다시 만난 우리들의 여행

　이젠 기억조차 아득한 중학생 시절 조명연 교수를 처음 만났다. 벌써 50년 이상 질긴 인연을 이어온 셈이다. 천둥벌거숭이 고등학생, 어리바리한 사회초년생 등 세상물정 몰랐던 어린 시절은 물론이고, 서로 번듯한 직장에서 각자의 자리를 지키며 열심히 일하던 시절까지 함께 보냈다. 이제 둘 다 은퇴 후 새로운 제2의 삶을 살고 있다.
　올해 초 함께 떠났던 열하루간의 해외 여행에서 조명연 교수는 훌륭한 재담꾼이자 활발한 분위기 메이커, 그리고 멋진 골퍼로 활약했다. 그러나 무엇보다 그의 진가가 발휘된 때는 여행 중이 아닌 여행이 모두 끝난 지금이다. 바로 이 책, 《라운드는 계속된다》 덕분이다.
　조명연 교수는 책에서 나를 포함한 중학교 시절 친구들과 함께 떠난 태국 여행을 매시매분 촘촘하게 기록했다. 그의 뛰어난 기억력과 섬세함 덕분에 우리의 여행은 책을 통해 다시 생명력을 얻었다.
　특히 이 책을 읽은 나의 소회는 남달랐다. 다른 사람의 시선에서 본 내 모습을 책으로 보며 내 행동에 부끄러움을 느꼈기 때문이다. 하지만 조명연 교수가 책에서 말했듯, "여행이 주는 가장 큰 선물"은 "우리

스스로를 돌아볼 기회를 준다"는 것이다. 조명연 교수 덕분에 환갑을 훌쩍 넘긴 지금, 내 언행을 다시 돌아보고 친구들을 더욱 잘 대해야겠다는 다짐을 할 수 있었다.

   나와 조명연 교수, 그리고 우리 친구들의 여행은 아직 끝나지 않았다. 예측할 수 없기에, 무슨 일이 벌어질지 모르기에 여행이 좋다고 말했던 조명연 교수의 말처럼, 우리의 여정 역시 앞으로 어떤 이야기로 채워질지 모른다. 그 불확실함이야말로 인생이라는 긴 여행을 더욱 흥미롭게 만든다. 이 책은 그 여정의 한 페이지일 뿐, 다음 장도 함께 써 내려가길 기대해본다.

중학교 친구 **임희필**

## 축사

# 태국에서 다시 만난 중학교 친구의 새로운 인생

나는 중학교 졸업 후, 처음으로 조명연 교수를 태국에서 다시 만났다. 태국에서 20년째 살고 있는 나에게 10년 전 조명연 교수가 탄야타니 골프장으로 전지훈련을 왔을 때가 첫 재회였고, 그 인연으로 지금까지 10년 가까이 가까운 친구로 지내고 있다.

한국을 떠나 태국에 정착한 지 벌써 20년이 흘렀다. 처음엔 낯선 환경과 언어, 문화에 적응하느라 힘들었지만, 지금은 태국이 제2의 고향이 되었다. 현지 사업을 운영하며 태국 사람들과 함께 생활하다 보니 이제는 한국어보다 태국어가 더 편할 때도 있다.

태국에서 오랫동안 현지인처럼 살다 보니 국내 사정에 어둡긴 하지만, 실제로 가까이에서 친구를 보면서 또 다른 인생이 있다는 것을 배우게 되었다. 조명연 교수가 10년 전 골프 전지훈련으로 태국을 찾았을 때, 나는 그저 오래된 친구를 반갑게 맞이하는 마음이었다. 하지만 그와 대화를 나누면서 그의 끊임없는 도전 정신과 새로운 것을 배우려는 열정에 깊은 감명을 받았다.

최근에 중학교 친구 3명과 함께 방콕 주변을 여행하며 오랫동안 떨어져 지내던 친구들의 인생사를 들으며 큰 감동을 받았다. 특히 조명연 교수가 교직을 그만두고 새로운 인생을 시작하려는 용기에 감탄했다. 안정된 교수직을 포기하고 작가와 유튜버라는 새로운 영역에 도전하는 것은 쉬운 결정이 아니었을 텐데, 그의 결단력과 추진력이 정말 대단하다고 생각했다.

이번 여행에서 숙소와 차량만 제공한 나에게 과분한 칭찬과 함께 내 이름이 책으로 나온다니 감격스럽고 고맙다. 20년간 태국에서 쌓아온 경험과 인맥이 친구들에게 조금이나마 도움이 되었다면 그것만으로도 충분히 보람 있는 일이다. 또한 조명연 교수의 인생사를 이렇게 감동적으로 읽을 수 있어 영광이었다.

앞으로 책을 쓰고 유튜브를 하는 사람으로 살아간다니, 그 새로운 여정이 정말 기대된다. 태국에서 응원하고 있을 테니 언제든 다시 태국을 찾아 새로운 이야기를 만들어 가길 바란다.

중학교 친구 **김두환**

축사

## 12년을 함께한 친구가 본 평생 도전자의 걸음

나는 초등학교, 중학교, 고등학교를 모두 함께 다닌 유일한 친구다. 그만큼 누구보다도 조명연 교수를 잘 알고 있다고 자부한다.

조명연 교수는 시골에서 태어나 해외여행조차 쉽지 않은 환경에서 자랐지만, 미국에서 5년간 유학 생활을 했고, 대학의 교환교수로 중국에서 1년을 거주했다. 해외 거주는 그의 인생에서 중요한 변곡점이 되었던 것 같다.

우리가 상상도 못할 결정을 그가 종종 해온 것을 지켜봐 왔다. 잘나가던 직장생활을 일찍 접고 학업의 길로 들어선 것, 유학을 결심해 떠난 것, 귀국 후 시간강사를 거쳐 대학의 전임교수로 20년간 재직한 끝에 갑자기 명예퇴직하고 은퇴 생활로 들어선 것까지. 평범한 사람이라면 쉽게 선택할 수 없는 길들을 그는 꾸준히 걸어왔다.

지금 그는 글을 쓰는 작가이자 유튜버로서 새로운 인생을 살아가고 있다. 그렇게 역동적인 삶을 살아가는 친구에게 나는 경외심을 느낀다. 조명연 교수 옆에서 나는 인생의 많은 것을 배우며, 조금이나마 닮아가려고 노력 중이다.

이번 책에서 우리의 이야기를 진솔하게 써내려가며 우리를 주인공으로 만들어준 그에게 깊은 감사를 전한다. 앞으로 그가 어떤 세계를 열어갈지, 그 여정이 무척 궁금하다.

초·중·고 친구 **조성만**

# 차례

**여는 글**

**축사**
    조지워싱턴대 동문 **박정희** … 8
    언론인·시인 **장건섭** … 10
    중·고등학교 친구 **김종선** … 14
    중학교 친구 **임희필** … 16
    중학교 친구 **김두환** … 18
    초·중·고 친구 **조성만** … 20

## 제1장 버킷리스트, 다시 펼쳐진 꿈
### - 기다림 끝에 열린 마음의 지도

8년의 기다림 - 이젠, 떠날 시간이다 … 28
추억의 코스를 다시 밟다 - 10년 전의 기억과 탄야타니 … 34
안개 속의 블라인드 샷 - 로얄 타이 공군 골프코스의 도전 … 38
붉은 벽돌, 멈춘 시간 - 아유타야에서 만난 역사의 숨결 … 43

## 제2장 스윙보다 깊은 순간들
### - 골프가 내게 들려준 인생 이야기

흔들려도, 배운다 - 파인허스트에서의 부진과 겸손 … 52
승부보다 소중한 마음 - 방콕 골프 클럽에서의 갈등과 화해 … 57
새벽빛을 담은 사원 - 왓 아룬에서 맞이한 황금의 새벽 … 63
도시 위에 선 우리 - 킹 파워 마하나콘 스카이워크에서 본 인생 … 70
실수, 그리고 선물 - 예약 착오가 만들어낸 뜻밖의 감동 … 77
단체복의 힘 - 아식스 옷과 두리안 아침이 만든 팀워크 … 82

### 제3장 여행이 우리를 연결할 때
#### - 우정은 낯선 길 위에서 더 깊어진다

수상시장, 물 위의 삶 - 담넌 사두억에서 만난 현지인의 일상 … 88
기찻길에서 부른 노래 - 매끌렁 철로 위에서 피어난 우정 … 92
72홀, 나를 넘다 - 람룩카에서 시험한 체력과 정신력 … 97
식탁 위의 진실한 대화 - 갈등 속에서 깨달은 소통의 중요성 … 102
호칭 하나의 따뜻함 - 골프코스에서 배운 작은 배려의 힘 … 106

### 제4장 파타야, 나를 위한 여백
#### - 고요한 시간 속에서 나를 다시 만나다

파타야의 리듬 - 실키 오크에서 찾은 나만의 시간 … 112
숨겨진 맛, 깊은 여운 - 반창 워터사이드의 맛과 추억 … 118
황금절벽, 고요한 명상 - 자연 속에서 찾은 내면의 평화 … 123
정원에서 배운 것들 - 능눗 트로피컬 가든의 삶의 지혜 … 128
도시의 빛과 그림자 - 워킹스트리트가 보여준 파타야의 두 얼굴 … 133

## 제5장  작별과 시작 사이
— 끝은 늘 새로운 길의 이름이었다

우정의 마지막 홀 - 람차방에서의 잊지 못할 라운드 … 140
예술, 철학, 그리고 침묵 - 진리의 성전에서 마주한 감동 … 146
예정에 없던 작별 - 귀국하는 친구와의 마지막 순간들 … 152
빈 자리가 남긴 것 - 홀로 걷는 라운드와 그리움의 가치 … 158
국경일의 여유 - 승부 너머의 특별한 골프 시간 … 162
작은 뷔페, 큰 행복 - 소박한 식탁이 전해준 따뜻함 … 168
발렌타인, 따뜻한 끝 - 15일 여정의 달콤한 마무리 … 174

## 제6장  가르치고 싶었던 꿈
— 한때는 멈췄지만, 사라지지 않았던 열망

첫 레슨, 불편한 진실 - 3개월 레슨의 충격적 결론 … 182
나는 자격이 있는가 - 골프 교습가로서의 진지한 성찰 … 186
늦은 도전, 멈추지 않다 - 50대 후반의 KPGA 시니어 투어 도전 … 190
심판이 된 나 - 경기위원으로 마주한 현실적 고민 … 195
꿈을 묻다, 다시 꺼내다 - 완벽한 무응답 속에서도 이어간 도전 … 202

## 제7장  기록이 된 도전들
### - 흔적은 사라지지 않고 이야기가 되었다

중국에서 피어난 열정 - 안식년을 통해 만난 제자들 … 208

골프, 그리고 1973년의 우정 - 반세기 이어진 73회 골프 모임 … 213

멈추지 않는 발걸음 - 코로나 속에서도 지켜낸 태국 골프 여정 … 220

하루 72홀의 기록 - 나이를 잊은 체력과 정신력의 비결 … 224

건강하게 나이 들기 - 식습관과 루틴으로 지켜낸 활기찬 노후 … 231

686개의 흔적 - 그리고 새로운 시작 … 236


**닫는 글**

끝이 아닌 시작, 여행이 준 선물 … 241


**감사의 글**

소중한 분들에게 특별한 감사를 전하며… … 244

## 제1장
# 버킷리스트, 다시 펼쳐진 꿈
― 기다림 끝에 열린 마음의 지도

## 8년의 기다림
- 이젠, 진짜 떠날 시간이다

바람처럼 스쳐 지나간 세월 속에서, 가슴 깊이 묻어두었던 꿈이 다시 깨어났다. 8년이라는 시간이 흐르는 동안, 우리는 여러 가지 이유로 해외 골프투어를 계속 미루기만 했다. 친구들과 함께 떠나는 여행은 늘 버킷리스트의 가장 위에 자리잡고 있었지만, 현실은 쉽게 우리를 허락하지 않았다.

딸이 골라준 공항 패션, 미소까지 챙겨준 센스

## 8년의 기다림, 마침내 실현된 꿈

또 한 번의 비상을 앞두고 - 태국을 향한 설렘의 문 앞에서

그렇게 또 한 해가 지나갈 것 같던 순간, 두 친구가 나에게 손을 내밀었다. "이번엔 가야지, 더 늦기 전에" 그 말 한마디가 가슴 깊이 울렸다. 우리는 더 이상 시간을 미룰 수 없었다. 그렇게 15일간의 태국 골프투어가 결정됐다.

여행을 떠나기까지, 끝까지 실감 나지 않았던 순간들. 출발 당일까지도 믿어지지 않았다. 짐을 싸며, 공항으로 가는 길에서도 이번에도 무산되는 것은 아닐까 하는 불안이 계속 따라다녔다. 혹시라도 친구에게서 전화가 오면, "못 가게 됐다"는 이야기가 아닐까 싶어 가슴이 덜컥 내려앉기도 했다.

그만큼 이 여행을 간절히 기다려왔고, 그만큼 여러 번 아쉬움을 삼켜야 했던 시간들이 떠올랐다.

그러나 인천공항에서 친구들을 마주한 순간, 그 모든 불안이 사라졌다. "진짜 가는구나." 그 순간부터 모든 것이 현실이 되었다.

### 안전을 위한 현명한 선택

여행 준비 과정에서 작은 고민도 있었다. 처음에는 저가항공을 이용하려 했지만, 친구들의 강한 반대에 부딪혔다.

"최근에 항공 사고도 많았잖아요. 국적기로 가자."

안전을 우선으로 하자는 친구들의 말에 결국 국적기를 선택했다. 조금 더 비싼 가격이었지만, 우리는 이 여행을 오래도록 기억에 남기기 위해 후회하지 않겠다는 각오로 선택했다. 지금 돌이켜보면, 참 다행스러운 결정이었다.

조금의 불편함도 없이, 편안한 마음으로 여행을 시작할 수 있었다는 것만으로도 충분했다.

### 설렘으로 가득한 출발

출국 수속을 밟으며 우리는 한껏 들떠 있었다. 기념사진을 남기고, 면세점도 둘러보고, 마음만은 이미 태국의 푸른 필드 위를 걷고 있었다.

여권을 손에 꼭 쥔 채 긴장된 눈빛을 주고받으며 출국 게이트 앞에 서 있던 순간도 선명하게 기억난다. 그동안 얼마나 많은 순간을 기다려왔던가.

그렇게 저녁 8시, 비행기가 활주로를 따라 움직였다. 이윽고 창밖으로 반짝이는 도시의 불빛이 점점 멀어져 갔다.

"이제 정말 시작이구나."

수완나폼 공항, 착륙 직전의 황홀한 찰나

### 새벽의 태국, 반가운 재회

새벽 1시, 태국에 도착하다. 6시간의 비행을 마친 뒤, 태국 공항에 도착한 시간은 현지 기준 새벽 1시. 피곤할 법도 했지만, 오히려 마음은 더 들떠 있었다. 드디어 태국 땅을 밟았다는 사실이 실감 나지 않았다.

우리보다 조금 늦게 도착하는 일행을 기다리며, 태국에 거주하는 중학교 동창이 마중을 나왔다.

"오랜만이다!"

반가운 얼굴을 마주하니, 낯선 공항에서도 왠지 모를 안도감이 들었다. 아무리 익숙한 나라라도, 친구가 있다는 것만으로 든든해 지는 순간이었다.

**새로운 여정의 시작**

8년을 기다려온 꿈이 현실이 된 15일간의 태국 골프투어.

비행기에서 내리던 순간부터, 새벽 공항에서 친구들과 눈을 마주치던 순간까지, 모든 것이 새롭고 벅찼다. 우리는 15일 동안 골프도, 맛있는 음식도, 그리고 오랜 우정을 나누며 소중한 시간을 함께 보낼 것이다.

설렘과 기대,
그리고 벅찬 희열이 교차하는 순간.
이제, 새로운 여정이 시작되었다.

이 장과 관련된 ▶ 유튜브 영상 보기
https://youtu.be/GOhY5uk1TX4

# 추억의 코스를 다시 밟다
- 10년 전의 기억과 탄야타니

### 새벽녘, 공항에 도착한 우리

설렘과 피곤함이 뒤섞인 채, 짧은 휴식을 취했다. 긴 비행과 낯선 공기의 변화 속에서도, 가슴 한편은 이미 푸른 필드를 떠올리며 두근 거리고 있었다. 손끝에는 클럽을 쥐는 느낌이 되살아났고, 발끝은 필드를 딛는 상상을 하며 자꾸만 움직였다.

그러나 깊이 잠들 새도 없이, 해가 떠오를 무렵 우리는 다시금 움직였다. 버킷리스트에 오래도록 담아 두었던 골프 투어의 첫날이 시작되었다.

첫 라운드 전, 아마존 카페에서 기쁨이 가득한 미소

### 10년 전의 기억을 품은 탄야타니 골프코스

우리가 선택한 곳은 탄야타니 골프코스(Tanyatanee Country Club). 10년 전, 전지훈련을 하며 땀과 시간을 쏟았던 바로 그곳이다.

골프코스의 입구에 들어서는 순간, 잊고 지냈던 추억들이 파도처럼 밀려왔다. 익숙한 코스, 햇살이 내려앉은 그린, 그리고 함께했던 순간들이 마치 어제 일처럼 생생하게 떠올랐다.

시간이 흘렀지만, 푸른 필드는 예전처럼 여전히 우리를 반갑게 맞이해주었다. 그 위에서 우리는 다시 한 번, 과거와 현재를 이어가는 라운드를 시작했다.

### 예상치 못한 해프닝, 그리고 터지는 웃음

하지만 첫날부터 예상치 못한 상황이 벌어졌다. 필자의 공은 마치 와이파이를 그리는 듯, 예측 불가한 궤적을 그리며 날아갔다. 이를 본 친구들은 한바탕 웃음을 터뜨렸다.

평소 넘 사벽이라 여겼던 나를 이길 수 있다는 자신감이 피어 올랐고, "오늘은 핸디를 좀 줘야 하는 거 아니야?" 하는 농담까지 오갔다.

승부는 내일로 미뤄졌지만, 우리는 이미 이 순간 자체를 즐기고 있었다. 점수보다 중요한 것은 함께 웃고, 함께 플레이하는 그 자체였으니까.

10년 만의 라운드, 감격 속에 필드를 바라보며

### 피곤함 속에서도 쌓여가는 추억

전날 잠을 설친 탓에 라운드는 쉽지 않았다. 스윙할 때마다 피로가 스멀스멀 밀려왔고, 집중력이 흐트러지는 순간도 많았다.

하지만, 함께하는 사람들이 있었다. 서로를 향한 따뜻한 격려, 유쾌한 농담, 스윙 하나에도, 퍼팅 하나에도 함께 기뻐하고 아쉬워하는 친구들이 곁에 있었다.

그렇게 우리는 또 하나의 추억을 쌓아갔다.

### 첫 장을 써 내려간 하루

이날의 골프는 단순한 라운드가 아니었다. 오랜 친구들과 함께하는 시간이었고, 과거의 기억 위에 새로운 순간을 덧입히는 기회였다.

필드 위에 내려앉은 노을처럼, 우리의 하루도 따뜻한 감동으로 저물어 갔다. 그리고 그렇게, 우리의 골프투어는 잊을 수 없는 첫 장을 써 내려가기 시작했다.

이 장과 관련된 유튜브 영상 보기
https://youtu.be/fAfUVCpEd08

# 안개 속의 블라인드 샷
– 로얄 타이 공군 골프코스의 도전

### 안개 속에서 찾아낸 우정과 여유

새벽 공기가 싸늘했다. 아직 동이 트기 전, 우리는 조용한 도로를 달리며 돈무앙 국제공항 근처에 위치한 '공군 골프코스(Royal Thai Air Force Stadium, Thupatemi Stadium)'으로 향했다. 창 밖으로 보이는 풍경은 온통 뿌연 안개로 덮여 있었고, 골프코스로 가는 길마저 흐릿하게 보였다.

전날의 라운드는 아쉬움이 많았다. 몇 번의 실수로 흔들렸고, 스코어보다도 감각이 무뎌진 듯한 느낌이 더욱 아쉬웠다. 그래서일까. 이번에는 제대로 된 경기를 펼쳐야 한다는 생각에 마음이 묘하게 무거웠다.

안개 속 라운드, 걱정 어린 시선으로 필드를 바라보다

    주말이라 예약이 어려울까 걱정도 했지만, 다행히 도착한 순서대로 티 오프가 가능했다. 골프 백을 정리하고 클럽을 손에 쥐었을 때, 우리는 각자의 기대와 결심을 품은 채 필드로 나섰다.

    필드에 들어서자 안개는 더욱 짙어졌다. 눈앞의 그린조차 희미하게 보일 정도였다. 우리가 들고 온 클럽들이 공중을 가를 때마다 안개 속으로 스며들듯 사라졌다.

    "이거 거의 블라인드 샷 아니야?" 한 친구가 웃으며 말했다.

    그 말처럼, 안개 속에서 공이 어디로 날아가는지 정확히 파악하는 것은 불가능에 가까웠다. 오롯이 감각에 의존해야 했다. 우리는 한 샷, 한 샷에 집중하며 조심스럽게 경기를 풀어갔다.

    거리를 가늠하기 힘든 만큼 실수도 잦았지만, 그럴수록 서로를 격려하며 라운드를 이어갔다. 처음에는 답답했지만, 이내 모든 감각이 더 예민하게 깨어나게 만드는 색다른 경험이었다. 아마도 이렇게 플레이하는 골프는 다시 만나기 어려울지도 몰랐다.

티 샷을 할까, 기다릴까... 안개 속의 갈림길

### 예상치 못한 복병, 그리고 따뜻한 배려

그러나 예상치 못한 변수가 등장했다. 한 친구가 갑자기 배를 부여잡고 고개를 저었다.

"어젯밤 먹은 게 잘못된 건지... 속이 안 좋아."

모두가 걱정스럽게 바라보았지만, 그는 여전히 장난기 어린 미소를 지으며 말했다.

"야, 내가 너희 둘을 위해 희생하는 거야. 오늘은 봐줄 테니 열심히 해 봐!"

우리는 그의 농담에 피식 웃으며 서로를 다독였.

여행이란 원래 변수가 많은 법. 모든 것이 완벽할 수는 없지만, 이렇게 예상치 못한 순간들마저 함께하며 챙겨주는 시간이 결국 가장 기억에 남는 법이었다. 필드 위에서의 실력뿐만 아니라, 그 순간을 함께하는 사람이 누구인가, 그것이야말로 골프의 가장 중요한 요소였다.

잘 왔다! 라운드 중 맞이한 여유롭게 셀카도 한 컷

### 안개가 걷히며 찾아온 깨달음

라운드가 끝날 무렵, 해가 서서히 안개를 걷어내듯 떠올랐다. 잔디 위로 길게 드리웠던 흐릿한 그림자들이 하나 둘 또렷해지기 시작했다.

한 친구가 말없이 하늘을 올려다보더니, 입꼬리를 올리며 말했다.

"이래서 여행이 좋은 거지. 무슨 일이 벌어질지 모르니까."

누군가가 맞장구를 쳤다.

"그러게. 예측할 수 없는 게 더 재미있어."

그 순간, 우리는 경기를 떠나 함께하는 순간의 가치를 다시금 되새겼다. 오늘의 경기는 단순한 라운드가 아니라, 함께 이 시간을 만들어가는 과정이었다. 필드 위에서 맞이한 작은 우정, 그리고 함께 나누는 순간의 소중함을.

라운드를 마치고 우리는 새로운 여정을 향해 길을 나섰다. 다음 목적지는 아유타야. 고대의 숨결이 살아 숨쉬는 그곳에서, 우리는 또 어떤 이야기를 써내려 가게 될까.

서로를 바라보며 슬며시 웃었다.

"이번에는 또 어떤 변수가 기다리고 있을까?"

누군가의 장난스러운 말에 우리는 또 한 번 웃으며, 설렘을 안고 새로운 여행을 맞이할 준비를 했다.

이 장과 관련된 유튜브 영상 보기
https://youtu.be/1q2rCtcZgg4

# 붉은 벽돌, 멈춘 시간
### - 아유타야에서 만난 역사의 숨결

**아유타야에서의 하루**

오전 라운드를 마친 후, 우리는 아유타야 유적지를 향해 차에 올랐다. 한 시간 거리. 길지 않은 이동이었지만, 차창 밖으로 흘러가는 풍경을 바라보며 나는 생각에 잠겼다.

이번이 벌써 세 번째 방문이었다. 세 번의 방문, 세 가지 다른 감정. 처음 왔을 때는 단순한 호기심이었고, 두 번 째는 더 깊은 이해를 위한 여정이었다면, 이번에는 친구들과 함께하는 경험으로 완전히 새로운 의미가 더해졌다. 익숙한 곳에서도 매번 다른 감동이 찾아온다는 것이 신기했다.

아유타야에서 만난 태국 미인 들과의 특별한 순간

하지만 팀의 리더이자 가이드 역할을 맡고 있는 이상, 개인적인 감상에 휩쓸릴 수는 없었다. 조용히 옆을 바라보니, 친구들도 말없이 창밖을 응시하고 있었다. 각자의 생각 속에 잠겨 있는 듯했다. 아마도 이 여행이 주는 의미를 곱씹고 있겠지.

여행이란 단순히 새로운 곳을 탐험하는 것이 아니다. 때로는 지나온 시간과 마주하고, 그 속에서 스스로를 돌아보는 과정이기도 하다. 같은 장소라도 방문할 때마다 내가 다르고, 함께하는 이들이 다르니 그 경험도 매번 새롭게 다가온다.

### 찬란했던 역사의 흔적

아유타야 왕조는 14세기부터 18세기까지 태국 역사에서 가장 빛났던 시기였다. 한때 동남아시아의 정치, 경제, 문화 중심지였고, 사방에서 온 상인들이 모여 활발한 교류가 이루어졌던 곳. 태국의 역사가 살아 숨쉬는 공간이었다.

그러나 18세기, 미얀마(버마)의 침략으로 이 도시는 불타 무너졌다. 한때 황금으로 뒤덮였던 왕궁과 사원은 이제 붉은 벽돌의 잔해만 남아 그 찬란했던 시대를 기억하고 있었다. 조선왕조와 비슷한 시기를 살아갔던 이 왕국의 몰락은 어쩌면 우리의 역사 와도 닮아 있었다.

처음 방문했을 때는 단순한 유적지로만 바라봤었다. 두 번째 방문에서는 역사적 의미를 더 깊이 이해하려 했다. 하지만 이번엔 달랐다. 그곳에서 우리는 과거의 숨결을 느끼고, 그 속에서 우리만의 이야기를 새롭게 써 내려가고 있었다.

나무와 하나 된 부처상, 새로운 생명을 얻다

### 시간이 멈춘 듯한 순간들

차에서 내리자 따뜻한 햇살이 우리를 반겼다. 여전히 붉은 벽돌 위에는 세월의 흔적이 켜켜이 쌓여 있었고, 하늘로 치솟은 사원들은 마치 시간의 흐름을 거슬러 서 있는 듯했다. 우리는 걸음을 옮겨 왓 마하탓(Wat Mahathat)으로 향했다.

그곳에는 나무 뿌리에 감싸여 마치 자연과 하나가 된 듯한 부처의 머리가 있었다. 뿌리 사이로 얼굴만 남긴 부처상은 마치 과거와 현재가 맞닿아 있는 듯한 기묘한 감각을 불러일으켰다. 우리 모두가 그 앞에서 발걸음을 멈췄다. 마음속으로 짧은 묵념을 하듯.

"시간이 멈춘 것 같아."

누군가가 조용히 말했다. 그 순간, 우리는 역사 속에 들어와 있는 듯했다.

이전 방문에서는 혼자서 바라보기만 했던 풍경이, 이번에는 친구들과 함께하며 더욱 깊은 의미로 다가왔다. 같은 장소를 보더라도, 함께 나누는 감상이 더해지니 감동이 배가되었다.

다음으로 향한 곳은 왕실 사원 왓 프라 시 산펫(Wat Phra Si Sanphet). 세 개의 커다란 탑이 나란히 서 있는 이곳은 과거 태국 왕들의 사리탑이 모셔진 성스러운 장소였다. 한때 화려한 황금빛을 자랑했을 사원들은 이제 검붉은 색으로 바랜 채 남아 있었다. 하지만 여전히 위엄과 품격이 느껴지는 곳이었다.

그곳에서 우리는 장난기 어린 미소를 주고받았다. 카메라를 들고 엉뚱한 포즈를 취해 보기도 하고, 태국의 전통 복장을 입은 관광객들과 사진을 찍으며 웃음을 터뜨렸다. 가족과 함께라면 차마 하지 못했을 엉뚱한 포즈도 서슴없이 시도해 보았다. 그 순간만큼은 세월도, 나이도, 체면도 중요하지 않았다. 우리는 그저 함께하는 순간을 즐기고 있을 뿐이었다.

### 역사의 흔적 속에서 배우는 시간

건축을 전공한 친구는 벽돌 하나하나에 담긴 의미를 열정적으로 설명했다.

"이거 봐, 이 벽돌들이 지금은 흐트러져 있지만, 과거에는 하나의 거대한 성벽을 이루고 있었겠지?"

그가 손끝으로 가리킨 곳에는 한때 왕궁의 일부였던 흔적이 남아 있었다. 장로인 친구는 조선왕조와 아유타야 왕조의 역사를 비교하며 깊이 있는 이야기를 들려주었다.

"두 왕조가 같은 시대를 살았지만, 우리는 조선의 기록을, 태국은

건축과 역사의 이야기, 열정 가득한 설명

이 붉은 벽돌을 통해 그 시대를 기억하고 있네."

단순한 관광지가 아니라, 그 속에 깃든 의미를 배우고 나누는 시간이었다. 우리는 단순한 여행자가 아니라, 과거의 숨결을 느끼며 그 속에서 의미를 찾아가는 탐험가가 되어 있었다.

### 추억과 함께 돌아오는 길

돌아오는 길, 차 안에서는 또 다른 이야기가 펼쳐졌다. 이번에는 각자의 인생 이야기였다. 50년을 살아오며 겪은 희로애락. 어릴 적의 꿈과, 청년 시절의 열정, 그리고 지금 이 순간을 만들어온 모든 순간들. 무용담은 조금 과장되었는지 몰라도, 그 안에는 진심이 가득했다.

"가끔은 지나간 세월을 과장하고, 장난스럽게 포장해도 좋지 않겠어?"

누군가의 말에 모두가 웃음을 터뜨렸다. 그 속에는 결국, 살아온 시간에 대한 자부심과 서로에 대한 애정이 깃들어 있었으니까.

### 함께하는 여행, 그리고 기억을 만든다는 것

밤이 깊어 갈수록, 우리는 더욱 많은 이야기를 나누었다. 과거를 돌아보고, 현재를 음미하고, 그리고 미래를 기대하며. 그렇게 우리는 또 하나의 순간을 가슴에 새겼다. 여행이란 단순히 장소를 옮기는 것이 아니라, 함께하는 사람들과 기억을 만들어가는 과정임을 다시금 깨달으며, 창 밖으로 지나가는 어둠 속에서, 나는 다시 한번 미소 지었다. 이 여행은 아직 끝나지 않았다. 내일은 또 어떤 새로운 이야기가 펼쳐질까? 그 생각만으로도, 마음이 설렛다.

처음 방문에서는 호기심 가득한 관광객으로, 두 번 째는 역사를 이해하려는 학생으로, 그리고 이번에는 친구들과 추억을 쌓는 동반자로서. 같은 장소이지만, 매번 다른 의미가 있었다. 여행의 매력은 바로 그런 것. 같은 곳이라도 매번 새롭게 다가오는 감동과 깨달음이 있다는 것이다.

이 장과 관련된 ▶유튜브 영상 보기
https://youtu.be/R4H4iWyc7dl

제2장
스윙보다 깊은 순간들
- 골프가 내게 들려준 인생 이야기

# 흔들려도, 배운다
## - 파인허스트에서의 부진과 겸손

오늘은 어떤 샷을 날릴까? 기대 속의 티 오프

### 경쟁과 배움 사이

전날의 라운드와 아유타야 관광으로 쌓인 피로가 온몸을 무겁게 짓눌렀다. 골프채를 들기도 전에 어깨와 허벅지가 묵직했지만, 여행이란 멈춰 설 수 없는 흐름과도 같았다. 고단함을 털어내듯 우리는 다시 클럽을 챙겨 들고 숙소를 나섰다.

이번 목적지는 파인 허스트 골프 & 컨트리 클럽(Pinehurst Golf & Country Club). 태국에서도 명성이 자자한 코스였다. 도착하자마자 눈앞에 펼쳐진 광활한 전경은 기대 이상이었다. 1992년 조니 워커 클래식, 1994년 태국 오픈 같은 국제 대회를 개최한 곳답게, 골프코스 분위기부터 남달랐다. 코스는 노스(North) 사우스(South) 웨스트(West) 총 세 개로 나뉘어 있었다.

우리는 사우스와 노스 코스를 플레이하기로 했다. 웅장한 클럽하우스를 지나며 우리는 감탄을 멈출 수 없었다. 페어웨이는 매끈하게 정돈되어 있었고, 벙커와 그린은 마치 정밀하게 조각된 듯했다.

"한국의 안양 골프코스보다 낫다!"

한 친구가 탄성을 내뱉으며 웃었다. 그만큼 오늘 라운드에 대한 기대감이 컸다. 우리는 설레는 마음으로 첫 티 샷을 날렸다.

### 예상치 못한 부진, 그리고 조언

첫 홀부터 공이 부드럽게 날아가는 듯했다. 그러나 한 친구의 샷이 심상치 않았다. 어제부터 부진했던 그의 샷이 오늘도 풀리지 않았다. 페어웨이 중앙이 아닌 오른쪽 러프로 향하는 공. 톱핑이 난 듯 낮게 깔려 날아가는 아이언 샷. 그는 점점 초조해졌고, 보는 우리도 안타까운 마음이 들었다.

공은 멈췄고, 마음은 계속 굴러간다

"뭐가 문제야…."

그가 혼잣말을 하듯 중얼거렸다. 몇 번의 샷이 연이어 좋지 않자, 표정이 굳어졌다. 나는 망설였다. 경기 도중에 조언을 해도 될까? 골프는 결국 개인의 경기다. 그러나 그는 이미 눈에 띄게 흔들리고 있었다.

잠시 고민하다가, 나는 다가가 조용히 말했다.

"어깨의 긴장을 좀 풀어봐. 백스윙을 좀 더 부드럽게 가져가고, 힘을 빼고 스윙해봐."

그는 한숨을 쉬며 몇 번 연습을 해 보았다. 그리고 다시 샷을 날렸다. 공이 똑바로 날아가기 시작했다. 탄도가 안정적으로 잡히고, 거리도 회복됐다. 그의 얼굴에 서서히 미소가 번졌다. 스윙이 돌아왔다.

### 골프는 경기인가, 배움인가?

그러나 문제는 예상치 못한 곳에서 생겼다. 옆에서 지켜보던 또 다른 친구가 어두운 표정으로 우리를 바라보고 있었다.

"내기하는데 레슨을 하면 어떡해?"

그의 목소리는 가볍지 않았다. 농담인 듯했지만, 그 속에는 서운함이 묻어 있었다. 순간 분위기가 살짝 얼어붙었다. 한 친구는 골프의 기쁨을 되찾았지만, 또 다른 친구는 공정하지 못하다고 느낀 것이었다.

나는 순간 난감해졌다. 스포츠에서 승부는 중요하다. 그러나 함께 배우고 즐기는 과정도 소중하다. 이 둘 사이에서 균형을 맞추는 것은 언제나 쉽지 않았다.

### 함께하는 여행, 그리고 이해의 순간

라운드가 끝난 후, 우리는 저녁 식사 자리에서 다시 마음을 나누었다. 식탁에는 그날의 하이라이트처럼 각자의 플레이 이야기가 오갔다. 어떤 홀에서 누구의 퍼팅이 좋았는지, 어느 벙커에서 누가 힘겹게 빠져나왔는지.

그리고 나는 조심스럽게 오늘의 상황을 이야기했다.

"나는 그저 친구가 더 나은 샷을 할 수 있도록 돕고 싶었어. 우리 모두가 함께 즐기기 위한 거였어."

친구는 가만히 내 말을 들었다. 그리고 이내 피식 웃으며 말했다.

"알지. 다만, 내기하는 입장에선 좀 억울했을 뿐이야."

우리는 서로를 이해했다. 경쟁도 중요하지만, 결국 우리는 함께 배우고 성장하고 있었다. 승부보다 중요한 것은 함께하는 과정에서 얻는 것들. 그렇게 오늘 하루도 배움과 깨달음을 남긴 채, 우리는 다음 날의 라운드를 준비했다.

골프채를 다시 정리하며, 나는 내일의 라운드를 떠올렸다. 매일 반복되는 스윙 같지만, 골프는 언제나 새로운 경험을 만들어낸다. 함께하는 사람, 날씨, 코스, 그리고 그날의 컨디션이 만들어내는 단 한번뿐인 순간.

"내일은 또 어떤 이야기가 우리를 기다리고 있을까?"

기대와 설렘 속에서, 우리는 또 하나의 배움을 안고 다시 클럽을 챙겼다.

이 장과 관련된 ▶ 유튜브 영상 보기
https://youtu.be/FapAVQyRAjo

## 승부보다 소중한 마음
### - 방콕 골프 클럽에서의 갈등과 화해

**기다림 끝에 찾아온 순간, 그리고 깨달음**

2년 전, 나는 설렘을 가득 안고 방콕 골프 클럽(Bangkok Golf Club)을 찾았었다. 하지만 그날 예약이 차 있어 아쉬운 발걸음을 돌려야 했다. 그때부터 이곳은 단순한 골프 코스가 아니라, 언젠가 다시 돌아와야 할 '기다림의 장소'가 되었다.

마침내, 이번 여행에서 우리는 그 기다림을 현실로 만들었다. 허탕을 치지 않기 위해 이번에는 미리 앱으로 예약을 마쳤다. 설렘을 안고 골프 코스로 향하는 길, 차창 밖으로 펼쳐지는 푸른 녹음이 한층 짙어 보였다.

고요한 물 위의 도전 - 방콕cc 시그니처 아일랜드 홀

### 방콕 골프 클럽, 기대를 뛰어넘는 순간

도착하자마자 펼쳐진 코스는 기대 이상이었다. 1993년 4월 개장 이후 태국 골프 역사 속에서 오랜 명성을 쌓아온 곳. 2002년부터 2006년까지 태국 내 골프 코스 선호도 1위였으며, 아시안 투어 PGA 볼보 마스터즈 대회도 이곳에서 개최되었다.

그러나 명성만큼 특별한 것은 이곳의 분위기였다. 정돈된 페어웨이, 아늑하게 자리한 그린, 그리고 곳곳에 배치된 워터 해저드까지―마치 정교하게 짜인 예술 작품 같았다.

특히 17번 홀은 압권이었다. 홀 옆으로 웅장한 폭포가 흐르는 이곳은 '폭포 홀'이라는 애칭을 가지고 있었다. 티 샷을 날리기 전, 쏟아지는 물줄기를 바라보며 한 박자 숨을 고르는 순간, 이곳은 단순한 경기장이 아닌 자연과 하나가 되는 공간처럼 느껴졌다.

그리고 9번 홀(파5)―세계 Top 500 홀 중 하나로 선정될 만큼 아름다우면서도 까다로운 도전을 주는 곳이었다. 페어웨이를 따라 걸을 때마다 골프는 단순한 스포츠가 아니라 하나의 여행처럼 다가왔다.

### 경쟁과 긴장 속에서 변해가는 분위기

정갈한 아름다움이 우리를 감싸는 가운데, 우리는 더 집중하기 위해 내기를 걸었다. 적당한 긴장감이 더해지면 골프가 더욱 짜릿해지니까. 핸디캡을 조정하고, 로컬 룰도 유연하게 적용하며 공정한 경기를 만들어 갔다.

하지만 승부가 걸리자 분위기는 점점 변해 갔다. 한 친구가 불만을 터뜨렸다.

"공이 안 맞는다, 계산할 필요도 없다."

한마디 하면 될 것을. 혼자 깊은 고민에 빠지다

그는 내기 자체를 흐트러뜨리는 행동을 반복했다. 처음에는 다들 참고 넘어갔지만, 반복되자 나는 점점 인내심이 바닥나기 시작했다. 사실 내 컨디션도 좋지 않았다. 공이 내 마음처럼 맞지 않으니 속이 상해 있었다.

결국 참지 못하고 나는 강하게 말했다. "빨리 계산해라!" 내 말이 채 끝나기도 전에, 공기가 싸늘하게 얼어붙었다.

### 승부보다 소중한 것

한 홀이 지나도록 아무도 말을 하지 않았다. 정적만 흐르고, 나는 변명도 하고 사과도 했지만 분위기는 이미 차갑게 굳어 있었다.

골프를 마친 후, 우리는 아마존 카페에서 분위기를 풀어보려 했지만 마음속 깊이 새겨진 상처는 쉽게 지워지지 않는 것 같았다.

이 표정으로, 앞으로의 여정을 함께!

지금 돌이켜보면, 그때 나는 너무 앞서갔던 것 같다. 골프는 승부가 아니라, 함께하는 시간 자체가 중요한데, 나는 결과에만 집착하고 있었던 게 아닐까? 그 친구와 나는 진심으로 친했지만, 때로는 그 진심이 서로에게 상처가 될 수도 있다는 걸 깨달았다.

### 진심 어린 한 마디의 힘

단순한 사과보다 더 필요한 것은 진심 어린 한 마디였을 것이다. "미안하다"는 말보다, "다음엔 그냥 마음 편히 치자. 이기고 지는 건 중요하지 않아"라는 말이 더 적절한 순간이었을지도 모른다.

결국 상처받은 마음을 치유하는 것은 진심에서 우러나오는 따뜻한 마음일 테니까. 이번 일을 계기로 나는 깨달았다. 승패를 넘어, 함께한 순간들 자체가 더 소중하다는 것을.

### 다음 라운드는, 더 가벼운 마음으로

다음 라운드에서는 우리가 함께 웃고 떠들었던 기억을 더 많이 쌓으며, 즐길 수 있기를 바라며. 골프는 결국, 경기 이상의 의미를 가진다. 그것은 여행이고, 배움이고, 그리고 우정을 확인하는 과정이다.

이제는 스코어보다는, 함께한 순간들이 더 오래 기억에 남기를. 나는 그렇게 마음을 다잡으며, 다시 골프 백을 메고, 새로운 라운드를 향해 나아갔다.

이 장과 관련된 ▶유튜브 영상 보기
https://youtu.be/8ts5sV4yWUE

# 새벽빛을 담은 사원
## - 왓 아룬에서 맞이한 황금의 새벽

### 장엄한 왓 아룬과의 만남

태국에서 가장 아름다운 사원 중 하나, 왓 아룬(Wat Arun). 그 이름만으로도 가슴이 설렛다. 내 여행 버킷리스트에 오랫동안 적혀 있던 곳이었다.

방콕에는 여러 번 왔지만, 왓 아룬을 직접 찾은 것은 이번이 처음이었다. 그동안은 짜오프라야 강 너머로 반짝이는 야경만 바라봤다. 강 건너편에서 바라보는 왓 아룬의 실루엣도 충분히 아름다웠지만, 사원 자체를 직접 경험하고 싶은 열망이 항상 있었다. 이번엔 드디어 그 열망을 이루는 시간이 온 것이다.

"와! 이것이 바로 왓 아룬이다!"

### 첫 만남의 감동

이른 아침, 우리는 짜오프라야 강을 건너는 페리에 몸을 실었다. 강을 가로지르는 짧은 여정이었지만, 그 시간은 마치 시간을 거슬러 올라가는 여행 같았다. 페리에서 내리자마자 눈앞에 우뚝 선 왓 아룬의 모습에 입이 떡 벌어졌다. 가까이서 본 사원은 단순한 랜드마크가 아닌, 시간이 담긴 공간 같았다.

태국어로 '새벽의 사원'이라는 뜻을 가진 왓 아룬. 그 이름이 얼마나 적절한지, 그 자리에 서서야 비로소 깨달았다. 새벽의 첫 빛을 가장 먼저 맞이하는 곳. 라마 2세가 재건한 이후 방콕의 상징이 된 이 사원은 태국의 역사와 함께 숨쉬어 왔다.

태국의 빛, 왓 아룬에서 만난 황금의 전통 의상

### 역사를 오르는 계단

가파른 계단을 오르기 시작했다. 생각보다 경사가 심해 숨이 차 올랐지만, 그럴수록 더 높이 오르고 싶은 욕망이 생겼다. 마치 인생의 고난을 극복하고 더 높은 곳을 바라보는 것처럼, 한 계단, 한 계단 올라갈수록 점점 더 넓은 세상이 눈앞에 펼쳐졌다.

햇빛을 받아 눈부시게 빛나는 사원. 멀리서 볼 때도 아름다웠지만, 가까이서 본 탑의 섬세한 조각들은 더욱 감탄을 자아냈다. 기하학적으로 쌓아 올린 구조, 오색 빛깔의 세라믹 타일, 정교하게 조각된 신화 속 수호신들. 특히 중앙 탑인 '프랑'은 높이가 무려 70미터에 달하며, 작은 탑들이 그 주위를 감싸고 있는 모습이 장관이었다.

"이곳이 5점 만점에 4.8점의 만족도를 자랑하는 이유가 있겠지."

여행 앱에서 본 평점은 과장이 아니었다. 오히려 부족한 느낌마저 들었다. 사원 곳곳에는 작은 종이 걸려 있었고, 불어오는 바람에 종소리가 맑게 울려 퍼졌다. 그 소리는 마치 시간의 울림 같았다.

### 황금빛 야경의 마법

낮의 왓 아룬은 웅장함 그 자체였다. 그러나 밤의 왓 아룬은 그보다 더 깊은 감동을 주었다. 우리는 하루 종일 방콕의 여러 곳을 돌아다닌 후, 해가 질 무렵 다시 강가로 돌아왔다. 그것은 내가 내린 최고의 결정 중 하나였다.

해가 지고, 짜오프라야 강 위로 어둠이 내려앉을 때, 사원은 또 다른 모습으로 우리를 맞이했다. 황금빛 조명이 탑을 감싸고, 강물 위에 그 빛이 부서져 내렸다. 어둠 속에서도 찬란하게 빛나는 그 모습은 마치 우리에게 삶을 빛내는 법을 속삭여 주는 것 같았다.

최고의 사원, 왓 아룬 앞에서 남긴 한 장의 추억

　강 건너편 레스토랑에서 저녁을 먹으며 바라본 왓 아룬의 야경은 또 다른 감동이었다. 태국 음식 특유의 향신료 향이 코끝을 자극하는 가운데, 눈앞에 펼쳐진 장관은 모든 감각을 깨웠다.

### 순간을 함께하는 기쁨

"어떤 순간에도, 너만의 빛을 잃지 말라고."

그 순간, 왓 아룬이 내게 전하는 메시지처럼 느껴졌다. 우리는 다시 중학생 시절로 돌아간 듯했다. 마치 수학여행을 온 아이들처럼 장난을 치고, 다양한 포즈를 취하며 사진을 찍었다. 여행의 피로도, 낯선 땅에서의 불안함도 모두 잊은 채, 우리는 그저 행복했다.

강물이 반짝이고, 시원한 바람이 불어왔다. 거리에서는 태국 전통 음악이 울려 퍼졌고, 길거리 음식의 향기가 코끝을 자극했다. 이 모든 것들이 함께 어우러져 만들어낸 그 순간의 완벽함은, 어떤 고급 호텔이나 미슐랭 레스토랑도 제공할 수 없는 특별한 경험이었다.

"참 좋다."

단순한 세 글자였지만, 그 말에는 모든 것이 담겨 있었다. 새로운 장소를 발견하는 기쁨, 역사와 문화를 체험하는 감동, 그리고 그 모든 것을 함께 나누는 따뜻함까지.

왓 아룬을 뒤로 하며, 나는 다짐했다. 언젠가 다시 이곳에 와서, 새벽 첫 빛을 받는 사원의 모습을 보겠다고. 그때까지 이 기억은 내 마음속에 소중히 간직될 것이다.

"또 만나자, 새벽의 사원이여. 다음에는 네 이름처럼, 새벽빛을 받는 네 모습을 보러 올게."

이 장과 관련된 ▶유튜브 영상 보기
https://youtu.be/j1w409WjCFQ

# 도시 위에 선 우리
- 킹 파워 마하나콘 스카이워크에서 본 인생

갈증 해소에는 역시 신선한 코코넛!

### 왓 아룬을 나서며

왓 아룬을 나서며, 우리는 출구에서 시원한 야자수를 하나씩 들고 마셨다. 목을 타고 내려가는 달콤한 열대의 맛. 손바닥에 느껴지는 차가운 열매의 감촉. 방콕에서만 느낄 수 있는 소소한 즐거움이었다. 그리고 우리는 다음 목적지로 향했다.

태양이 완전히 지고 밤의 어둠이 도시를 뒤덮기 시작했다. 도로변에 줄지어 선 노점상들의 조명이 하나 둘 켜지며 거리에 활기를 불어넣었다. 뜨거운 프라이팬에서 튀겨지는 음식 냄새와 시끌벅적한 흥정 소리가 거리를 채웠다. 방콕 특유의 소란스럽지만 정감 있는 밤의 풍경이 우리를 반겼다.

우리, 방콕의 야경을 보러 한번 올라가 볼까?

타워에서 내려다본 황홀한 방콕 야경

### 방콕의 하늘을 품다

　방콕의 밤을 가장 특별하게 만날 수 있는 곳, 킹 파워 마하나콘. 이곳은 태국에서 가장 높은 빌딩. 314미터, 78층. 도시 한가운데를 가로지르는 퍼즐 조각 같은 독특한 외관. 거대한 디지털 아트 작품처럼 보이는 이곳은 방콕의 밤을 가장 황홀하게 만날 수 있는 장소였다.

　멀리서 바라보는 마하나콘 빌딩은 마치 거대한 레고 블록이 중간중간 빠져나간 듯한 모습이었다. 독특한 디자인은 현대 건축의 아름다움과 태국의 정체성을 절묘하게 결합시킨 예술 작품 같았다. 밤이 되자 건물 곳곳에 설치된 조명이 켜지며 환상적인 분위기를 연출했다.

우리는 전망대로 향하는 초고속 엘리베이터를 탔다. 속도감 있게 올라가며, 벽면에서는 형형색색의 영상이 펼쳐졌다. 마치 다른 차원으로 이동하는 듯한 기분. 몇 초 만에 도착한 78층.

### 도시의 불빛이 그려내는 캔버스

문이 열리자, 우리는 한순간 숨을 멈췄다. 발 아래로 끝없이 이어지는 도시의 불빛들. 자동차의 불빛이 붉은 강줄기를 만들고, 짜오프라야 강을 따라 흐르는 조명이 반짝였다. 멀리 보이는 왓 아룬의 황금빛 조명. 호텔과 쇼핑몰에서 뿜어져 나오는 네온사인들. 모든 것이 하나의 거대한 캔버스처럼 반짝였다.

어둠 속에서 빛나는 방콕의 야경은 마치 별들이 땅 위에 내려앉은 듯했다. 작은 점들이 모여 만드는 광경은 한 폭의 그림처럼 아름다웠다. 매연과 소음, 혼잡함으로 가득했던 낮의 방콕은 온데간데없고, 오직 빛의 향연만이 펼쳐졌다.

천천히 전망대를 걸으며 우리는 사방으로 펼쳐진 도시의 모습을 감상했다. 방콕의 옛 지역과 새로운 지역이 한눈에 들어왔다. 왕궁과 사원의 금빛 지붕이 빛나는 구시가지, 고층 빌딩들이 즐비한 신시가지, 그 사이를 유유히 흐르는 짜오프라야 강. 낮에는 보이지 않았던 방콕의 또 다른 모습을 발견하는 기쁨이 있었다.

그리고 그곳에는 우리도 있었다. 루프탑에 올라서자, 발 밑이 투명한 유리로 되어 있는 스카이워크가 펼쳐졌다. 허공에 떠 있는 듯한 기분. 발을 내디딜 때마다 심장이 두근거렸지만, 동시에 말할 수 없이 짜릿했다.

### 공중에서 춤추는 자유로움

"우리 내려가서 춤출까?"

살짝 떨리는 마음을 안고 던진 제안. 망설임 없이 고개를 끄덕인 친구들. 우리는, 다시 어린아이처럼 모든 걸 잊고 바닥 위에서 춤을 췄다. 음악도 없었지만, 도시는 우리만을 위한 무대가 되어 주었다. 누군가의 시선도, 아침의 감정도, 피곤함도 모두 사라진 순간. 그저 이곳에서, 우리끼리의 작은 축제를 펼쳤다.

유리 바닥 위에서 처음에는 조심스럽게 걸음을 옮기던 우리는 어느새 마음의 두려움을 떨쳐내고 자유롭게 움직이기 시작했다. 한 친구가 먼저 양팔을 벌리고 빙글빙글 돌기 시작했고, 곧 우리 모두가 그에 합류했다. 웃음소리가 전망대에 울려 퍼지며, 주변의 다른 관광객들도 미소 짓게 만들었다.

"이 순간을 기억해."

하늘 위 우정 샷 - 공포도 함께라면 즐겁다!

누군가가 말했다. 그 말에 우리는 모두 깊이 공감했다. 미친 듯이 웃고, 온몸으로 춤추며, 그 순간을 온전히 기억 속에 담았다. 이런 순간들이 모여 우리의 인생을 풍요롭게 만드는 것이 아닐까. 일상에서 벗어나, 평소에는 절대 하지 않을 행동들을 서슴없이 하며 느끼는 해방감. 그것이 여행의 가장 큰 선물인지도 모른다.

릴스로 밤하늘에서 댄스 보기

### 밤하늘 아래 조용한 감사의 시간

눈부신 야경 아래에서, 우리는 또 하나의 인생 영상을 만들어냈다. 춤을 마친 후, 스카이 바에서 건네 받은 음료를 들고 전망대 테라스에 앉았다. 아무 말 없이, 그저 도시를 바라보며….

하늘에서 내려다보는 도시의 모습은 마치 우리 인생을 조망하는 듯했다. 수많은 길과 건물들, 그리고 그 속에서 살아가는 사람들의 이야기. 각자의 삶이 교차하고 어우러지며 만들어내는 도시의 숨결. 그 위에서 우리는 잠시 일상에서 벗어나 더 넓은 세상을 바라보고 있었다.

살면서 얼마나 많은 순간들을 지나왔던가. 때로는 갈등도, 후회도, 아쉬움도 있었지만, 이렇게 한 걸음씩 나아가며 결국 가장 아름다운 순간을 만들어가고 있었다.

조용히 음료를 마시며 우리는 저마다의 생각에 잠겼다. 누군가는 과거를, 누군가는 현재를, 또 누군가는 미래를 생각하고 있었을 것이다. 하지만 우리 모두 이 순간만큼은 감사함을 느끼고 있었다. 이렇게 함께할 수 있다는 것, 이 아름다운 순간을 공유할 수 있다는 것에 대한 감사함.

  시간이 흐르고 밤이 깊어져도, 방콕의 불빛은 꺼지지 않았다. 마치 우리의 우정처럼, 변함없이 빛나고 있었다. 이곳에서의 밤, 이곳에서의 웃음, 이곳에서의 따뜻한 온기. 지금 이 순간, 우리에게는 무엇도 부족할 것이 없었다.

# 실수, 그리고 선물
## – 예약 착오가 만들어낸 뜻밖의 감동

**여행의 아침은 평소와 다름없이 시작되었다**

숙소와의 거리, 가성비를 고려해 신중하게 골프코스를 예약했고, 아침 일찍 출발하며 하루를 기대했다.

그러나 골프코스에 도착하자마자 뭔가 이상하다는 느낌이 들었다. 입구는 낡았고, 클럽하우스는 기대에 미치지 못했다. 예약했던 금액에 비해 시설이 너무 달랐다. 직원은 예약자 이름을 묻기도 전에 "먼저 결제부터 하세요"라고 말했다.

순간 머릿속이 복잡해졌다. 우리가 예약한 곳은 무앙깨우 골프클럽(Muang Kaew Golf Club), 하지만 우리가 도착한 곳은 무앙엑 골프클럽(Muang Ake Golf Club)이었다. 이름은 비슷했지만, 결과는 엄청났다.

드디어 닿은 곳, 무앙깨우의 아침

## 실수 하나로 꼬여버린 하루

이대로 라운드를 하면 예약한 그린피를 포기해야 했고, 다시 이동하려면 한 시간 반 넘는 거리를 친구에게 또 운전 부탁해야 했다. 난감한 상황 속에서 태국어가 서툰 나는 전화로 직원에게 물었다.

"혹시 예약을 다음 날로 변경할 수 있을까요?"

돌아온 대답은 "안 됩니다."

어쩔 수 없었다. 다시 이동해야 했다. 한 시간 넘는 거리. 차 안에서 나는 친구들에게 너무 미안했다. 하지만 운전을 맡아준 친구는 "이 정도는 그냥 해프닝이지."라며 아무렇지도 않게 웃었다. 그 말 한마디가 어찌나 고맙던지, 마음이 찡했다.

넌 남고, 난 간다

### 예상치 못했던 골프코스, 그리고 또 하나의 경험

다행히 태국에서는 예약한 시간에 맞지 않아도 플레이가 가능했다. '무앙깨우 골프클럽(Muang Kaew Golf Club)'은 방콕 도심에서 20분 거리에 위치한 18홀 규모의 골프코스. 접근성이 뛰어나고, 수준 높은 코스로 유명했다.

페어웨이와 그린은 잘 관리되어 있었지만, 대중 도로를 횡단하는 홀과 주변의 자동차 소음이 있어 다소 아쉬움도 남았다. 하지만 아침부터 겪었던 진땀 나는 해프닝에 비하면 이 정도는 아무것도 아니었다.

무앙깨우 골프클럽의 시그니처 홀은 13번 홀, 파 5, 570야드. 왼쪽으로 굽은 도그레그 홀로, 티 그라운드에서는 그린이 보이지 않았다. 방향 설정이 중요한 홀이었고, 티 샷의 부담감을 극복한다면 좋은 스코어를 기대할 수 있는 곳.

일정은 꼬였지만, 식사는 낀여여(많이 드세요)

나는 심호흡을 한 뒤, 조심스럽게 티 샷을 날렸다. 공이 페어웨이를 따라 부드럽게 날아가는 순간, 그제야 마음이 조금 놓였다.

"그래도 이렇게 또 하나의 골프코스를 경험했다."

순간의 실수는 있었지만, 결국 새로운 경험이 되었다.

**무엇보다도 신경 쓰였던 건**

**두 번이나 운전을 시킨 친구에게 진 빚 같은 마음이었다**

하루가 꼬여버렸다. 애초에 계획했던 일정과는 많이 뒤틀렸고, 결국 오후에는 아무 일정도 잡지 못한 채 태국 친구와 함께 저녁을 먹으며 하루를 마무리했다.

그때, 친구가 건넨 두리안. 제철이 아니라 약간 덜 익었지만, 그 마음이 고마워 기분이 풀렸다.

### 예기치 않은 순간이 남긴 깨달음

돌이켜보면, 여행이란 게 원래 이런 게 아닐까?

모든 순간이 계획대로 흘러갈 수는 없지만, 그 예상치 못한 순간들이 나중에 가장 깊이 남는 기억이 된다.

오늘 하루, 정말 진땀 나는 경험이었지만, 그래도 함께 웃어준 친구들 덕분에 이마저도 따뜻한 추억이 됐다.

이제 다음 번에는 골프코스 이름을 두 번, 세 번 확인하는 습관을 들여야겠다.

이 장과 관련된 ▶유튜브 영상 보기
https://youtu.be/kFFyMS3Xc-I

# 단체복의 힘
## - 아식스 옷과 두리안 아침이 만든 팀워크

사쿠라 나무 아래, 우리는 하나

### 두리안의 선물로 시작된 하루

아침 공기가 아직 선선한 시간, 우리를 기다리고 있던 특별한 선물이 있었다. 태국 지인이 정성껏 구해준 두리안이었다.

'과일의 여왕'이라 불리는 두리안은 그 독특한 향과 맛으로 유명한데, 제철이 아님에도 불구하고 친구가 일부러 준비해주었다. 영국 여왕이 태국을 지나는 중, 두리안을 맛보기 위해 일부러 들렀다는 전설 같은 이야기가 전해지듯, 이 과일은 한 번 빠지면 헤어나오기 어려운 묘한 매력이 있다.

강렬한 향이 먼저 코끝을 자극했고, 한 조각을 입에 넣자 달콤하고 부드러운 식감이 입안을 가득 채웠다. 처음 맛보는 친구들은 낯설어했지만, 이내 한 조각, 한 조각을 아껴가며 즐겼다. 언제 또 이렇게 신선한 두리안을 맛볼 수 있을까? 감사의 마음이 자연스레 스며들었다.

### 따뜻한 기도와 함께 시작된 하루

아침 식탁도 특별했다. 웰빙 음식을 정성껏 준비한 친구, 그리고 하루도 빠짐없이 이어지는 장로님 친구의 간절한 기도. 긴 여행 동안, 우리는 매일 이 기도로 하루를 시작했다.

때로는 바쁘게 움직여야 할 때도 있었지만, 이 짧은 순간만큼은 모두가 차분해졌다. 진심이 담긴 기도가 마음을 편안하게 감싸주었고, 한층 평온한 기분으로 하루를 시작할 수 있었다.

### 무앙엑 골프코스에서의 재회

오늘의 라운드는 어제 길을 잘못 들어 아쉽게 지나쳤던 무앙엑 골프클럽(Muang Ake Golf Club)에서 진행했다. 방콕 인근에 위치한 이

악어가 지키는 페어웨이 무앙아케의 전설 - 악어홀의 위엄

골프코스는 1986년에 개장한 역사 깊은 18홀 코스로, 넓고 평탄한 페어웨이가 초보자도 부담 없이 즐길 수 있도록 설계되어 있었다.

특히 악어 모양의 벙커와 워터 해저드가 코스 곳곳에서 플레이어들에게 작은 도전과 재미를 더해주었다. 주중 그린피가 1,050바트(약 4만 3천 원)으로 태국 내에서도 가성비가 뛰어난 곳이었다.

코스 관리 상태도 기대 이상이었지만, 워낙 인기 있는 골프코스다 보니 진행 속도가 느리었다. 가끔 답답함이 밀려오기도 했지만, 이제는 태국 골프코스의 여유로운 흐름에 점점 적응해 가는 친구들과 함께여서 그조차도 하나의 즐거움이 되었다.

### 단체복이 만들어준 팀워크의 순간

오늘은 특별한 의미를 담아 아식스 단체복을 맞춰 입고 필드에 나섰다. 똑같은 옷을 입고 나란히 걷고, 함께 스윙하는 순간들은 마치 오래된 팀 같은 느낌을 주었다. 단순한 옷 한 벌이었지만, 그것만으로도 기분이 새롭고, 서로 더 가까워지는 것 같았다. 우리가 마치 같은

"우리는 결국 한 곳으로 향하는 운명"

목표를 향해 나아가는 한 팀이 된 것처럼 느껴졌다.

필드는 활기로 가득 찼고, 우리는 그 속에서 또 하나의 소중한 추억을 쌓았다. 내기는 싱거웠다. 누구도 승부에 집착하지 않았고, 점수는 중요하지 않았다. 그저 이 순간을 함께 즐기는 것, 그것 만으로 충분했다.

### 골프의 여운을 품고, 또 다른 여정을 향해

라운드를 마친 후, 우리는 오후 일정으로 매끌렁 기차역으로 향했다. 기찻길 위에서 열리는 시장. 골프의 여운이 채 가시기도 전에, 또 다른 특별한 경험이 기다리고 있었다.

여행이란 늘 예상치 못한 순간들이 이어지는 것. 그 안에서 우리는 새로운 경험을 하고, 또 다른 기억을 만들어간다. 오늘 하루도 그렇게, 여행이라는 이름 아래 아름답게 흐르고 있었다.

이 장과 관련된 ▶유튜브 영상 보기
https://youtu.be/554ECvflP6

제3장
여행이 우리를 연결할 때
- 우정은 낯선 길 위에서 더 깊어진다

# 수상시장, 물 위의 삶
– 담넌 사두억에서 만난 현지인의 일상

수산시장, 하루를 여는 물 위의 장터

### 예상치 못한 길이 더 큰 선물이 되는 순간

아침부터 골프를 마친 우리는 온몸이 묵직했지만, 여행에 대한 열정만큼은 여전히 가벼웠다. 피곤함을 뒤로 하고, 오늘의 다음 목적지인 담넌 사두억 수상시장과 매끌렁 기차역을 향하여 긴 여정을 시작했다.

장시간 이동에 지칠 법도 했지만, 일행들은 여전히 웃음을 잃지 않았다. 운전을 맡아준 친구 역시 아무런 불평 없이 핸들을 잡았다. 덕분에 우리는 오늘도 한 걸음씩 버킷리스트를 채워 나갈 수 있었다.

### 태국의 향기를 품은 두리안, 그리고 또 하나의 발견

1시간 40분의 긴 이동 끝에 매끌렁 기차역 근처에 도착했다. 그때, 뜻밖의 발견. 길가에 자리한 작은 과일 가게에서 두리안을 파는 모습이 눈에 들어왔다. 망설일 필요가 없었다. 790바트를 지불하고 두리안을 구매했다.

바람을 가르며, 수상시장을 둘러보다

강렬한 향이 코끝을 스치며 태국 특유의 이국적인 풍미가 느껴졌다. 부드럽게 녹아 내리는 식감과 달콤하면서도 깊은 맛. 그 순간, 우리는 태국의 정취를 오롯이 맛보고 있었다.

### 담넌 사두억 수상시장, 그리고 예상치 못한 보트 투어

두리안을 즐긴 후, 우리는 담넌 사두억 수상시장(Damnoen Saduak Floating Market)으로 향했다. 이곳은 방콕에서 남서쪽으로 약 100km 떨어진 라차부리(Ratchaburi) 지방에 위치해 있으며, 100년이 넘는 역사를 지닌 태국의 대표적인 수상시장이었다.

그러나 도착한 시간이 늦었다. 시장은 이미 문을 닫은 상태. 처음에는 아쉬움이 밀려왔다. 이대로 돌아가기엔 뭔가 부족하다고 느꼈다. 그때, 우리는 즉흥적으로 보트 투어를 결정했다. 잔잔한 수면 위를 가르며 보트가 움직이기 시작했다.

떠난 손님, 닫힌 문… 수상시장의 오후

### 고요한 물길 위에서 얻은 순간

물길을 따라 흔들리는 나무들. 조용히 퍼지는 바람 소리. 그리고 옆자리에서 터져 나오는 친구들의 웃음소리. 우리는 비록 시장의 분주한 풍경을 직접 보진 못했지만, 대신 이 고요하고 평화로운 순간을 얻었다.

"때로는 예상치 못한 길이 더 큰 선물이 되기도 한다."

그 사실을 다시 한 번 깨닫는 순간이었다.

### 수상시장 속에 숨겨진 역사

보트 투어가 끝난 후, 운전을 맡아준 친구가 조용히 입을 열었다.

"이 시장이 그냥 생긴 게 아니야."

그는 우리에게 제2차세계대전 당시 일본군이 칸차나부리(Kanchanaburi)로 군수 물자를 운반하면서 자연스럽게 형성된 시장이라는 이야기를 들려주었다. 우리는 단순한 상업 공간이라 생각했지만, 이곳은 전쟁의 흔적이 남아 있는 역사적인 장소였던 것이다.

여기서 살아가는 사람들, 그리고 우리가 스쳐 지나가는 이 순간까지도, 모두 시간이 켜켜이 쌓여 만들어진 풍경이라는 생각에 마음이 숙연해졌다.

마지막 일정으로 우리는 세계에서 가장 위험한 철길로 알려진 매끌렁 기찻길로 향했다.

이 장과 관련된 ▶ 유튜브 영상 보기
https://youtu.be/4bY2mwVCErI

# 기찻길에서 부른 노래
- 매끌렁 철로 위에서 피어난 우정

"매끌렁의 오후, 기차보다 따뜻한 건 사람들의 기다림이었다."

### 세계에서 가장 위험한 기찻길

매끌렁 기차역(Maeklong Railway Market)은 평범한 기차역이 아니었다. 이곳은 열차가 지나가는 순간에도 시장이 펼쳐지는 곳이었다. 기차가 올 때면 상인들은 좌판을 순식간에 접고, 기차가 지나가면 다시 아무렇지 않게 장사를 이어가는 풍경. 오직 이 곳에서만 볼 수 있는 아찔한 장면.

우리는 천천히 철길을 따라 걸었다. 양 옆으로 늘어선 상점들, 그리고 그 위를 지나가는 철

시장 골목, 기차가 스쳐도 우리는 웃는다

로. 잠시 후, 멀리서 기적 소리가 들려왔다. 사람들은 하나둘씩 길 한쪽으로 몸을 피하며 기차가 지나가는 모습을 기다렸다.

마침내, 기차가 천천히 모습을 드러냈다. 우리는 눈앞에서 그 거대한 철마가 시장 한가운데를 지나가는 압도적인 장면을 마주했다. 바로 몇 초 전까지 사람들이 걷고 있던 길 위로 기차가 스쳐 지나갔다. 그 순간, 우리는 이곳이 왜 '세계에서 가장 위험한 기찻길'이라 불리는지 몸소 체험할 수 있었다.

### 같은 곳, 다른 순간

2년 전, 혼자서 낯선 도시를 거닐던 기억이 떠올랐다. 태국의 뜨거

운 태양 아래, 붉게 녹슨 철로를 따라 매끌렁 기차역 시장을 둘러보았다. 기차가 접근할 때의 분주함과 지나간 후의 고요함. 상인들의 손놀림은 숙련되어 있고, 일상으로의 복귀는 자연스럽기 그지없다.

2년 전에는 혼자였다. 고요하게 풍경을 바라보았고, 혼자만의 시간을 음미하며 걸었다. 그러나 지금, 나는 함께 웃고 이야기할 사람들이 있었다. 서로의 감탄을 공유하며, 소소한 농담을 나누고, 같은 풍경을 바라보며 함께 감동했다.

같은 공간이었지만, 함께하는 사람이 다르면 그 순간도 전혀 다른 빛깔로 다가온다는 것을 깨 달았다.

### 철로 위의 시장, 순간과 일상이 공존하는 곳

우리는 오후 5시 40분 기차를 보기 위해 일정을 조정했다. 하지만 도착했을 때, 시장에는 이미 정적이 깃들어 있었다. 천막이 접히고, 상인들은 하루를 마무리하고 있었다. 그 유명한 천막이 접히고 펼쳐지는 장면을 이번에는 볼 수 없었지만, 기차가 시장 한가운데를 가로지르는 순간은 여전히 가슴을 두근거리게 했다.

### 기찻길 위에서, 자유를 노래하다

우리는 기찻길 위에서 또 다른 추억을 만들기로 했다. 로제의 '아파트'를 부르며 춤을 추고, 기찻길 위에서 뛰어오르며 멋진 사진과 영상을 남겼다. 그 순간, 우리는 여행자의 시선을 넘어 이곳을 온전히 즐기는 사람들이 되었다.

기찻길 위에서의 춤은 어딘가 자유롭고, 경쾌했다. 아무런 구속 없이, 그저 이 순간을 즐기는 것. 기차가 오기 전까지는 시간이 멈춘 듯

기차가 들어오고 있다! 우리는 이렇게 신나게 점프!

했다.

    과거의 나와 현재의 나, 그리고 또다시 마주할 미래의 나. 문득 생각해보았다. 2년 전의 나와 지금의 나는 어떻게 달라졌을까? 그때의 나는 혼자였고, 지금의 나는 함께다. 그때의 나는 조용히 풍경을 바라보았고, 지금의 나는 그 속에서 친구들과 함께 뛰어놀고 있다.

릴스로 로제의 아파트 공연

같은 곳이지만, 같은 순간은 단 하나도 없다. 과거의 나는 이곳에서 나 자신과 대화하며, 마음의 무게를 덜어내고 있었다. 지금의 나는 함께하는 사람들과 웃으며, 그 순간을 더 풍성하게 채우고 있다.

### 긴 그림자 속, 함께하는 시간

해가 기울며 기찻길 위에 긴 그림사가 드리워졌다. 우리의 그림자가 나란히 놓였다. 그리고 우리는 그 위에서 사진을 찍고, 장난을 치며, 오래 기억될 순간을 새겼다.

여행이란 결국, 사람과 함께하는 순간의 축적. 우리는 오늘도 삶의 한 페이지를 함께 채워 나갔다. 그리고, 이 길 위에서 또다시 언젠가의 나를 만나게 되겠지.

이 장과 관련된 ▶ 유튜브 영상 보기
https://youtu.be/srUEhdyJRNI

# 72홀, 나를 넘다
### - 람룩카에서 시험한 체력과 정신력

파란 하늘 아래, 또 하나의 세상이 열리다. 시그니처홀 C코스 6번홀 파4

### 람룩카에서의 도전과 배움

오늘도 람룩카 컨트리 클럽(Lam Lukka Country Club)에서 하루를 시작했다. 1994년에 개장한 36홀 규모의 이 골프코스는 작은 그린과 까다로운 코스로 유명하다. 온 그린이 쉽지 않아 수많은 칩 샷이 요구되는 곳이다.

나는 이곳에서 4년째 전지훈련을 하고 있으며, 코스에 자리한 나무 하나까지 기억할 정도로 익숙하다. 과거, 이곳에서 하루 72홀을 카트 없이 네 번이나 라운드한 경험도 있다.

### 스코어를 넘어선 골프의 가치

골프에서 기록을 줄이는 것에는 한계가 있다. 그러나 나의 목표는 단순한 스코어 향상이 아니다. 나는 건강한 골프를 원했다. 더 많이 걷고, 더 많은 샷을 하며 몸과 마음을 단련하는 것. 그것이 내가 추구하는 골프다.

람룩카의 넓은 페어웨이를 걸으며 나는 종종 골프의 진정한 의미를 생각한다. 햇살을 받으며 초록빛 잔디 위를 걸으며 친구들과 대화를 나누며 자연을 만끽하는 것이다. 그리고 자신과의 싸움에서 작은 승리를 맛보는 것. 이런 순간들이 모여 골프의 진정한 가치를 만든다.

### 익숙함 속의 새로운 도전

아무리 익숙한 코스라도 필드 위에서는 늘 변수가 생긴다. 홈 그라운드라서 잘해야 한다는 부담 때문일까? 오늘도 평소 자신 있게 치던 홀에서 예상치 못한 어려움을 만났다.

"수없이 라운드를 했지만, 여전히 골프는 쉽지 않다. 골프란, 하면

할수록 어려운 운동이다."

이 말은 내가 골프를 시작한 지 30년이 넘은 지금도 여전히 유효하다. 오히려 더 깊이 이해할수록, 더 많은 도전과 과제가 보인다. 첫 번째 홀부터 마지막 홀까지, 매 순간 새로운 선택과 결정이 필요하다. 같은 거리, 같은 클럽으로 쳐도 날씨와 바람, 그날의 컨디션에 따라 결과는 완전히 달라진다.

### 깊어지는 이해, 어려워지는 기술

일주일이 지났지만, 실력은 오히려 더 뒤처지는 느낌이었다.
"연습을 하면 나아져야 하는데, 왜 더 어렵게 느껴질까?"

인생은 벙커 위의 공처럼, 늘 변수를 안고 굴러간다

이 질문이 머릿속을 떠나지 않았다. 특히 한 친구는 공이 예상치 못한 방향으로 날아가 애를 먹었다. 때로는 골프 스윙이 더 복잡해지는 것 같다. 너무 많은 것을 한꺼번에 의식하다 보면 오히려 자연스러운 스윙이 망가지기도 한다.

아이러니하게도, 골프에 대해 더 많이 알수록 때로는 더 혼란스러워진다. 백스윙의 궤도, 다운스윙의 경로, 인팩트 순간의 클럽 페이스 방향… 너무 많은 기술적 요소들이 머릿속을 채우면서 때로는 가장 기본적인 즐거움을 놓치기도 한다.

### 공동체 속에서 찾은 위로

가까스로 라운드를 마치고, 우리는 말없이 서로를 바라보았다.

긴장과 아쉬움이 어깨에 묻어 있었지만, 걸음을 옮기는 사이 어느새 표정이 풀어졌다. 조금 전까지 푸른 필드 위에서 실수와 고군분투를 함께 겪었던 우리는 다시금 웃음과 대화 속으로 걸어 들어갔다.

"오늘 14번 홀에서 네가 친 샷, 정말 멋졌어."

"그래? 난 네가 벙커에서 빠져나올 때, 그 침착함이 더 인상적이었는데."

실수는 웃음으로 넘기고, 멋진 순간은 서로의 말로 되새긴다.

골프는 혼자의 싸움처럼 보이지만, 결국 함께 웃고 격려하며 만들어가는 여정이다.

스코어카드에 적힌 숫자보다 더 소중한 건, 바로 함께 나눈 그 순간들이라는 사실.

라운드를 마친 우리는, 클럽하우스 앞 그늘 아래 잠시 앉아 물 한 모금에 숨을 고르고, 짧은 대화를 나누며 오전을 정리했다.

그러고 나서야 우리는 다음 장소를 향해 발걸음을 옮기기 시작했다. 점심을 먹기 위해, 그리고 또 한 번의 여정을 이어가기 위해.

이 장과 관련된 ▶ 유튜브 영상 보기
https://youtu.be/UanZDsp5UPI

# 식탁 위의 진실한 대화
## - 갈등 속에서 깨달은 소통의 중요성

**람룩카 컨트리 클럽에서의 라운드, 그리고 뜻밖의 갈등**

    람룩카 컨트리 클럽에서의 긴 라운드를 마친 우리는, 피로를 풀기 위해 고급 짠더 카페로 향했다. 이곳은 단순한 카페가 아니라, 태국 전통 음식을 제공하는 레스토랑이었다.

    메뉴에는 똠양 꿍, 쏨 땀, 빠 삼 롯, 텃 만 꿍, 까이 팟 멧마무앙 등 익숙하면서도 새로운 태국 요리들이 가득했다. 나는 이번 기회에 홀로서기를 시도해보기로 했다. 사전에 태국어로 음식 이름을 공부했고, 직접 주문을 하며 익숙하지 않은 언어 속에서 작은 도전을 해봤다.

    주문을 마친 후, 테이블에는 따뜻한 음식이 차려졌고, 우리는 맛있는 점심을 함께하며 라운드의 피로를 달랬다. 모두가 만족스러운 표

짠더 식당의 추천 메뉴! 텃만꿍(새우튀김)으로 기분 전환!

정이었다. 이렇게 하루가 평온하게 흘러가는 듯했다. 그러나, 이 평온함은 저녁이 되면서 깨졌다.

### 사소한 한마디, 그리고 깊어진 감정의 골

저녁 식사는 숙소 근처의 단골 로컬 식당에서 이루어졌다. 오늘은 특별히 동네 형님 두 분도 함께했다. 저녁이 무르익어가던 중, 한 친구가 자신의 귀국 날짜를 계속 물었다. 그때, 다른 친구가 가볍게 웃으며 말했다.

"너는 네 귀국 날짜도 모르고 또 묻냐?"

그 순간, 분위기가 바뀌었다. 그 친구의 얼굴이 굳어졌다. 순간적으로 기분이 상한 것이 눈에 보였다. 그리고, 예상치 못한 분노가 터져 나왔다.

"나는 이 세상에서 잘난 척하는 사람이 제일 싫다."

그의 목소리는 식당 안을 울릴 정도로 커졌고, 테이블은 적막해졌다.

103

분위기는 흥겹지만, 마음은 무거웠던 한 식당의 밤

### 사소한 말이 만든 깊은 상처

분노는 단순히 한 마디 때문만은 아니었을 것이다. 오늘의 라운드가 잘 풀리지 않았던 실망감, 그동안 쌓였던 감정, 골프 내기에서의 서운함, 모든 것이 한꺼번에 터져 나온 듯했다.

친구는 형님들 앞에서 무시당했다고 느꼈을지도 모른다. 나는 친구의 화가 풀리기를 기다리며, 그저 조용히 지켜볼 수밖에 없었다.

### 격앙된 감정, 그리고 조용한 위로

식사가 끝난 후에도 그 친구는 여전히 격앙된 상태였다. 자리에서 일어나며 여전히 감정을 가라앉히지 못한 채 크게 소리를 질렀다. 누구의 편을 들 수도 없었다. 잘못이라기보다는 감정이 만든 갈등이었기에.

나는 조용히 그의 곁을 지키며, 아무 말 없이 그가 마음을 정리할 시간을 주었다. 남은 3일, 상처를 남길 것인가, 추억을 남길 것인가.

집으로 돌아왔지만, 냉랭한 공기가 방 안을 가득 채웠다. 서로 말

다정한 오리들 곁에서, 문득 떠오른 생각 하나

한마디 없이 각자의 방으로 들어갔다. 그러나, 이대로 남은 3일을 보낼 수는 없었다.

결국, 우리는 방에서 다시 마주 앉았다. 진심 어린 사과가 오갔고, 각자가 느꼈던 감정을 천천히, 조심스럽게 털어놓았다. 그리고, 가까스로 마음의 문이 열렸다.

### 잠들지 못한 밤, 그리고 다짐

잠이 오지 않았다. 침대에 누운 채 오늘 하루를 다시 떠올렸다. 우리는 함께 웃고, 함께 필드를 걸었고, 때로는 이렇게 부딪히기도 한다.

하지만 여행이 끝난 후, 우리가 기억해야 할 것은 무엇일까? 상처일까, 아니면 함께했던 시간일까?

서로를 조금 더 이해하고, 더 나은 친구가 되기 위해, 남은 3일은 감정의 골을 만들기보다, 좋은 기억을 남기며 보내야겠다고 다짐했다. 이 여행이 끝나도, 우리는 여전히 친구일 테니까.

# 호칭 하나의 따뜻함
## - 골프코스에서 배운 작은 배려의 힘

정성으로 차려진 아침, 우정으로 채워진 하루

친구가 차려준 아침
친구가 매일 아침, 아무 말없이 차려주는 이 식탁.
잘 익은 파파야, 선홍 빛 수박, 아삭한 상추와 배추 잎,
그리고 정갈히 놓인 고구마와 망고까지.
어떤 날은 마음이 무거워도,
이 음식을 한 입 씹는 순간 조금은 가벼워졌다.
건강을 챙겨주는 손길 속에는
말로 다 하지 못한 진심과 우정이 담겨 있다.
몸을 위한 아침이지만, 마음까지 따뜻해 지는 시간.
그렇게, 오늘도 잘 먹고 잘 살기로 마음을 다잡는다.

### 보이지 않는 벽, 그리고 깨달음

어제의 불미스러운 사건 이후, 우리 사이에는 보이지 않는 벽이 생겼다. 서로의 말과 행동을 조심하게 되었고, 자연스럽게 자기검열을 하게 되었다. 서로를 배려하려는 마음에서 비롯된 것이지만, 어딘가 어색한 기류가 흐르고 있었다. 그럼에도, 여행은 계속되어야 했다.

### RSU Vista Golf Course에서의 라운드

오늘의 라운드는 숙소에서 가까운 파툼타니 주 무앙 파툼타니 지역 락혹(Lak Hok) 서브디스트릭트에 위치한 18홀 규모의 RSU Vista Golf Course 퍼블릭 코스에서 이루어졌다.

코스는 깔끔했지만, 좁은 부지에 조성된 듯한 느낌이 강했다. 특히 18번 홀(380야드, 파4)은 핸디캡이 가장 높은 홀로, 전략이 중요한 코

골프코스 직원에게 예의를 갖춘 인사, 이것이 진정한 매너

스였다. 그린 주변에 개미허리 모양의 호수가 있어 장타가 아니면 투온이 어려웠고, 세 번째 샷으로 붙이는 신중한 전략이 필요했다.

코스 자체는 인상적이었지만, 많은 골퍼로 인해 긴 대기 시간이 발생한 점은 아쉬웠다. 그러나 주말 그린피가 1,200바트로 가성비가 괜찮았고, 예약 없이도 라운드 할 수 있다는 점은 장점이었다.

### 호칭이 주는 존중과 거리감

어제의 사건을 통해 나는 많은 것을 배웠다.

"친할수록 호칭이 중요하다."

나는 절친한 장로 친구를 항상 '장로님'이라고 부르고, 그는 나를 '교수님'이라고 부른다. 이 단순한 호칭 하나가 서로 간의 존중과 적절한 거리감을 만들어주었다. 그 덕분에 우리는 단 한 번도 큰소리를 내거나 감정이 상한 적이 없었다.

반면, 너무 편하다는 이유로 이름을 함부로 부르고, 반말을 하다 보면 알게 모르게 서운한 감정이 쌓이게 된다. 그리고, 그 감정들은 언젠가 폭발하게 된다.

"친한 친구일수록, 더 존중해야 한다."

우리는 친할수록 서로를 함부로 대하는 경향이 있다. 하지만, 가까운 관계일수록 존중이 필요하다.

호칭 하나가 관계를 부드럽게 만들기도 하고, 서로를 상처 입히지 않는 완충제가 되기도 한다. 이번 일을 통해, 나는 다시금 그것을 깨닫게 되었다.

### 방콕에서의 마지막 골프, 그리고 새로운 여정

오늘로 방콕 근교에서의 골프 일정은 끝났다.

내일은 파타야로 떠난다. 어쩌면, 우리의 관계는 조금 더 신중하고 조심스러워질지도 모른다. 하지만, 그만큼 더 깊어질 수도 있을 것이다.

남은 시간 동안, 서로를 더 이해하고, 말 한마디의 무게를 생각하며, 조금 더 따뜻한 마음으로 여행을 이어가고 싶다. 새로운 여정을 기대하며, 오늘을 마무리한다.

이 장과 관련된 유튜브 영상 보기
https://youtu.be/PnbBen6XXcg

제4장
# 파타야, 나를 위한 여백
- 고요한 시간 속에서 나를 다시 만나다

# 파타야의 리듬
## - 실키 오크에서 찾은 나만의 시간

### 삶의 새로운 활력을 찾아서

살다 보면 예상치 못한 어려움과 피로가 쌓이는 순간이 찾아온다. 특히 은퇴 후의 삶은 마냥 여유롭고 평온할 것 같지만, 때로는 무료함과 공허함이 찾아올 때도 있다. 그럴 때일수록 우리는 잠시 일상을 벗어나 새로운 활력을 찾을 필요가 있다.

그리고 이번 파타야 여행은 그런 의미에서 시작되었다. 오랜 친구들과 함께하는 2박 3일의 여정. 우리는 골프를 치고, 푸른 바다를 바라보며 맛있는 음식을 나누고, 서로의 삶을 이야기하며 다시 한 번 인생을 즐기기로 했다.

파타야에서 맞이하는 새벽의 아침

삶은 계속된다. 그리고 새로운 경험과 도전이 우리를 더욱 활기차게 만든다.

### 설렘 속 첫날 밤

늦은 저녁, 마침내 파타야에 도착했다. 길지 않은 일정이었지만, 우리는 최상의 순간을 만들기 위해 일찍 잠자리에 들었다. 내일 아침이면, 우리를 기다리는 것은 새로운 필드와 시원한 바닷바람이었다.

이불을 덮으며 문득 생각했다. "은퇴한 이후에도, 이렇게 기대감과 가슴 뛰는 순간이 있다는 것이 참 감사한 일이다."

### 실키 오크 컨트리 클럽에서의 라운드

이른 아침, 우리는 라용 주 반창 지역에 위치한 실키 오크 컨트리 클럽(Silky Oak Country Club)으로 향했다. 이곳은 2010년에 개장한 18홀 규모의 골프코스로, 넓은 페어웨이와 정교한 그린이 돋보이는 곳이었다.

숏 게임의 중요성이 강조되는 코스로, 매 샷마다 전략적인 플레이가 요구되는 필드였다. 특히 파 4, 450야드의 홀에서는 220야드 이상의 티 샷을 날려야 벙커를 피할 수 있었기에 긴장감이 더해졌다.

코스는 그 자체로 매력적이었다. 54홀 규모의 리조트 단지 내에 자리잡고 있어 카트 없이는 이동이 어려울 정도로 넓고 웅장했다. 관리

파워 샷 보다 강렬한 이 발끝 포즈!

상태도 뛰어났으며, 캐디들의 친절한 서비스 덕분에 한층 쾌적한 라운드를 즐길 수 있었다.

카트를 포함한 비용이 약 10만 원 정도로, 사전 예약을 통해 비교적 합리적인 가격에 이용할 수 있었다.

### 필드 위에서 깨닫는 인생의 교훈

티 샷을 날리며 우리는 문득 생각했다.

"골프도 인생도, 쉽게 풀리지 않는 날들이 있는 법이지."

그날, 계속해서 샷이 맞지 않던 친구가 기적처럼 리듬을 되찾았다. 한 순간, 샷이 살아나기 시작했고, 분위기는 한층 밝아졌다. 또 다른 친구는 오랜만에 버디를 기록했고, 우리는 모두 박수를 보내며 함께 환호했다.

순간 순간의 작은 성취가 우리의 우정을 더욱 단단하게 만들어주었다. 은퇴 후에도, 이렇게 서로를 응원하며 기쁨을 나눌 수 있다는 것이 참으로 행복했다.

골프를 통해 배우는 것은 단순한 스코어가 아니다.

인내, 도전, 그리고 함께하는 동반자 들과의 우정. 이것이야말로 가장 큰 배움이었다.

### 미식 탐방—바다와 함께하는 식사

라운드를 마치고 나니, 몸은 조금 고단했지만 마음은 여전히 들떠 있었다. 하늘은 맑았고, 바람은 바다 쪽에서 불어왔다. 그 바람에 섞여오는 짭조름한 내음은 우리를 자연스럽게 해변 쪽으로 이끌었다. 이젠 허기진 배를 달래 줄 '진짜 한 끼'가 필요했다. 여행에서 음식은

언제 우리가 그랬나? 우리는 영원한 친구!

단순한 끼니가 아니다.

하루의 경험을 정리하고, 나눈 감정을 되새기며, 동행자와 더 가까워지는 시간이다. 음식은 언제나 추억을 끓이는 냄비이고, 그 안에 담기는 건 맛만이 아니다.

### 메뉴보다 설레는 검색의 시간

"야, 오늘은 랍스터 같은 거 한 번 먹어볼까?" 누군가의 말에 모두가 고개를 끄덕이며 웃었다. 파타야에 왔으니, 해산물은 빠질 수 없는 선택이었다.

자연스럽게 각자의 휴대폰이 손에 들리고, 익숙한 손놀림으로 구글맵을 켜 검색이 시작됐다. '파타야 해산물 맛집', '랍스터 맛있는 곳', '현지인 추천' 같은 키워드가 화면 위를 떠다녔다.

평점과 리뷰, 음식 사진들을 비교하며 대화는 더욱 활기를 띠었다. "여긴 경치가 좋대." "여긴 랍스터가 싱싱하다고 하네." "여긴 가격이 좀 세지만 분위기 끝내준다." 마치 골프 코스를 공략하듯 식당을 고르는 손끝에도 전략과 기대가 담겼다.

   가끔은 그저 먹기 위한 식당이 아니라, 그곳을 함께 찾아가는 시간 자체가 더 특별하게 느껴질 때가 있다. 낯선 도시에서 낯익은 사람들과 나누는 대화, 길 위에서 만들어지는 웃음과 여유, 목적지를 향한 발걸음 하나하나가 여행을 완성해준다. 식사의 순간은 아직 오지 않았지만, 우리는 이미 충분히 배가 불러 있었다.

이 장과 관련된 유튜브 영상 보기
https://youtu.be/o7gaQmR6r2M

# 숨겨진 맛, 깊은 여운
## - 반창 워터사이드의 맛과 추억

### 새로운 설렘을 찾아 떠나는 여행

은퇴 후의 삶은 여유롭다. 더 이상 출근 시간에 맞춰 서두를 필요도, 끝없는 업무 속에서 스트레스를 받을 필요도 없다. 그러나 그 여유로움이 때때로 무료함으로 다가올 수도 있다. 그래서 우리는 새로운 설렘과 감동을 찾아 나서야 한다. 그동안 바쁜 일상에 치이며 미뤄두었던 순간들을 하나씩 채워가며, 진정한 여유의 의미를 되새겨야 한다.

이번 파타야 여행도 그런 마음으로 시작되었다. 골프도, 여행도, 결국은 함께하는 사람 들과의 순간을 소중히 여기는 것. 실키 오크 골프 코스에서 신나는 라운드를 마친 후, 남은 미션은 하나였다.

"맛있는 점심을 찾아 떠나자!"

### 기대와 불안이 교차하는 길

골프를 치며 친구들과 함께 웃고 즐기는 시간은 언제나 특별하다. 그러나 그 후의 식사는 더욱 중요하다. 라운드 후 허기진 배를 채울 맛있는 한 끼, 그것은 단순한 식사가 아니라 여행을 완성하는 중요한 요소다. 하지만 여행지에서 맛집을 찾는 일은 쉽지 않은 숙제다.

무턱대고 길을 나설 수도 없고, 모처럼의 좋은 시간을 실패로 마무리하고 싶지도 않았다. 우리는 구글맵을 펼쳤다. 평점이 높은 곳을 하나 골랐다. 리뷰도 좋았고, 사진도 멋져 보였다. 가장 인기 있는 곳이라니, 믿어 보기로 했다.

하지만 기대와 달리 길은 점점 낯선 골목으로 이어졌다. 좁고 한적한 길. 주변에 식당 하나 보이지 않는, 어쩐지 심상치 않은 분위기.

"혹시 길을 잘못 든 건 아닐까?" 불안감이 살짝 스며들었다. 그러나 여행에서는 예상치 못한 순간들이 때로는 가장 큰 감동을 주는 법이다. 우리는 조심스럽지만 설레는 마음으로 길을 따라갔다.

### 예상치 못한 곳에서 만난 최고의 순간

그리고 마침내 도착한 곳. 순간, 숨이 멎을 듯한 풍경이 펼쳐졌다. 넓게 펼쳐진 양식장, 그 주위를 감싸듯 자리한 원두막 형태의 테이블들. 잔잔한 물결이 햇살을 받아 반짝이고, 주변의 나무들은 부드러운 그늘을 드리우고 있었다. 마치 자연이 우리를 품어주는 듯한 따스한 분위기.

그 속에서 한 끼를 즐긴다는 것만으로도 이미 맛이 느껴지는 듯했다. 음식이 나오기도 전에, 우리는 이곳에 반해버렸다. 은퇴 후에도 이렇게 새로운 곳을 찾아다니며 낯선 풍경을 마주하는 순간들이야

문인들이 술잔을 물 위에 띄우며 시를 짓던 풍속, 여기 태국에서도

말로, 삶을 더욱 풍요롭게 만들어준다는 사실을 다시금 깨닫게 되었다.

### 맛보다 더 깊은, 우리의 이야기

식사가 시작되면서 자연스럽게 깊은 대화가 오갔다. 음식의 맛을 음미하며 서로가 가진 생각들을 나누고, 지나온 시간들을 돌아보

시는 짓지 못했지만, 우정은 더욱 깊어졌다

았다. 젊은 날에는 늘 바쁜 일상 속에서 "언젠가 여유가 생기면"이라는 말을 습관처럼 되뇌었지만, 정작 그러한 시간을 갖는 것이 얼마나 중요한지 놓치고 살았다.

그러나 이제는 다르다. 은퇴 후의 삶은, 매 순간을 더욱 소중하게 느끼게 해준다. 함께했던 시간들을 다시 꺼내 보며 웃고, 앞으로 더 자주 이런 시간을 갖기로 다짐했다.

가족과 친구들과의 이런 따뜻한 순간들, 이야말로 무엇과도 바꿀 수 없는 행복이 아닐까.

### 기억에 남을 여행, 그리고 삶의 의미

이번 여행은 단순한 골프 라운드가 아니었다. 몸을 움직이며 자연을 느끼고, 좋은 사람들과 따뜻한 교감을 나누는 시간. 우리가 원했던 것보다 더 특별한 순간들이 기다리고 있었다. 그 순간들이 모여, 이 여행은 오래도록 기억될 것이다.

앞으로도 우리는 이런 여행을 계속 만들어갈 것이다. 은퇴 후의 삶은 끝이 아니라 새로운 시작이다. 더욱 깊이 있고, 풍요로운 순간들을 채워가는 과정이다. 이제는 무작정 먼 곳을 향해 떠나는 여행이 아니라, 삶의 가치를 되새길 수 있는 여행을 하기로 했다.

그 여정 속에서,
우리는 또 다른 아름다운 순간들을 만날 것이다.

이 장과 관련된 ▶유튜브 영상 보기
https://youtu.be/U6kLsTH4X7g

# 황금절벽, 고요한 명상
## - 자연 속에서 찾은 내면의 평화

**황금절벽사원에서 찾은 평온한 순간**

삶은 끊임없이 흐르는 강물과 같다. 때론 거센 물살에 휩쓸려 방향을 잃기도 하고, 때론 잔잔한 흐름 속에서 고요한 여유를 느끼기도 한다. 은퇴 후의 시간은 더 이상 바쁘게 흘러가는 것이 아니라, 하나하나의 순간을 깊이 음미할 수 있는 귀한 선물과도 같다.

이번 여행에서도 우리는 그런 특별한 순간을 맞이했다. 골프 라운드를 마친 후, 맛있는 점심을 즐기며 나눈 대화 속에서 우리는 또 다른 곳을 찾아 떠나기로 했다. 태국 파타야 근교에 자리한 황금절벽사원(Wat Khao Chi Chan). 사진으로만 보았던 그곳의 웅장한 풍경을 직접 눈으로 확인하고 싶었다.

거대한 황금절벽 부처님 앞에서 경건한 순간

### 황금빛으로 빛나는 신성한 공간

태국의 뜨거운 태양 아래, 차를 타고 달리면서 점점 가까워지는 신비로운 절벽. 그리고 마침내, 130m 높이의 거대한 바위산에 황금빛으로 새겨진 부처상이 자리한 성스러운 공간이 눈앞에 펼쳐졌다. 마치 하늘이 내려준 듯한 그 존재감. 한없이 고요하면서도, 압도적인 감동을 선사하는 장엄한 풍경이었다.

이곳은 태국 왕실이 국왕 즉위 50주년을 기념해 1996년에 조성한 곳으로, 자연과 불교 문화가 하나 되어 조화를 이루는 명소다. 웅장한 바위산을 배경으로 황금빛 실루엣을 가진 부처상. 햇살을 받아 더욱 찬란하게 빛나는 그 모습은 마치 신성한 기운을 뿜어내듯 경이로웠다. 바람이 스칠 때마다 반짝이는 황금빛 윤곽.

그 앞에서 우리는 말을 잃었다. 이곳은 단순한 관광지가 아니었다. 마음을 내려놓고, 자신을 돌아볼 수 있는 공간이었다.

친절한 금자씨, 황금절벽을 배경으로 한 컷!

### 마음을 비우고, 나를 채우는 시간

그 앞에서 한동안 걸음을 멈추었다. 뜨거운 태양 아래, 모든 소음이 잦아들고 고요한 사원의 기운만이 우리를 감쌌다. 바쁜 일상 속에서는 쉽게 가질 수 없었던 이 여유로운 순간. 은퇴 후의 삶이란 결국 이런 여유와 평온함을 찾아가는 과정이 아닐까 하는 생각이 들었다.

사원 주변을 거닐며 부처상의 위엄을 천천히 감상했다. 어떤 이들은 합장을 하며 기도를 드렸고, 어떤 이들은 조용히 앉아 명상의 시간을 가졌다. 우리도 그 흐름을 따라가며 잠시 눈을 감고 생각을 정리하는 시간을 가졌다.

바쁘게 살아온 날들, 그리고 앞으로의 시간. 젊은 시절에는 앞만 보고 달렸지만, 이제는 잠시 멈춰서 지나온 길을 돌아보고, 앞으로의 길을 차분히 그려볼 수 있는 시기다.

황금절벽사원의 고요한 분위기 속에서 우리는 자연스럽게 지난 삶을 돌아보게 되었다. 그리고 다짐했다. 일상의 번잡함 속에서도 이런 여유로운 순간을 더 자주 가져야겠다고…

### 여행이 주는 가장 큰 선물

우리는 흔히 여행을 떠나면 새로운 것들을 보고 경험하는 것에 집중하지만, 사실 여행이 주는 가장 큰 선물은 우리 스스로를 돌아볼 기회를 준다는 점이다.

황금절벽사원에서의 시간은 단순한 관광이 아니었다. 그것은 내면을 들여다보는 여정이었고, 마음을 정리하는 시간이었으며, 앞으로의 삶을 더욱 의미 있게 만들어줄 다짐의 순간이었다.

은퇴 후의 삶은 아직도 많은 가능성을 품고 있다. 더 이상 바쁘게 흘러가는 시간에 쫓기지 않고, 온전히 나 자신을 위해 쓰는 시간. 마음을 비우고, 새로운 것들로 채워가는 과정. 그것이야말로 여행이 우리에게 주는 가장 큰 의미이자 선물일 것이다.

황금절벽사원의 햇살 아래 반짝이던 부처상의 모습처럼, 우리도 남은 인생을 더욱 빛나게 만들 수 있기를. 그리고 이곳에서 느낀 평온함을 가슴에 품고, 앞으로도 더욱 의미 있는 여행을 계속해 나가기를 다짐해본다.

이 장과 관련된 ▶ 유튜브 영상 보기
https://youtu.be/U6kLsTH4X7g

# 정원에서 배운 것들
- 능눗 트로피컬 가든의 삶의 지혜

한글로 만나는 태국의 하늘정원

### 태국의 보석 같은 정원

여행은 늘 설렘을 안겨준다. 특히 은퇴 후에는 시간적인 여유가 생기면서 자연을 좀 더 깊이 즐길 수 있는 기회가 많아진다. 이번 여행에서 우리가 찾은 곳은 태국 파타야에서 가장 유명한 정원 중 하나인 능눗 트로피컬 가든(Nong Nooch Tropical Garden)이었다.

이곳은 단순한 정원이 아니었다. 하나의 거대한 예술 작품과도 같았다. 약 240만㎡(600에이커)에 달하는 광활한 부지에는 다양한 테마의 정원이 조성되어 있어, 마치 여러 나라를 여행하는 듯한 기분을 느낄 수 있었다. 프랑스식 정원, 이탈리아 식정원, 선인장 정원, 난초 정원 등 각각의 공간은 독창적이고 아름다웠으며, 걷는 내내 새로운 풍경이 펼쳐졌다.

### 여행은 함께할 때 더 의미가 있다

이 정원을 모두 함께 둘러봤다면 더 좋았겠지만, 일행 중 한 친구는 피곤함을 이유로 차에서 쉬기로 했다. 결국, 장로님과 나만이 정원을 산책하게 되었다.

때로는 많은 사람이 함께하는 여행도 좋지만, 이렇게 소수의 인원으로 깊은 이야기를 나누며 걷는 것도 색다른 경험이었다. 조용한 정원 속에서 우리는 자연의 아름다움을 감상하며 서로의 삶에 대해 이야기 나누었다.

### 정원 속을 거닐며 마주한 동화 같은 풍경

곳곳에 자리한 동물 조형물과 이국적인 나무들이 만들어낸 장관은 마치 동화 속 세상에 들어온 듯한 느낌을 주었다. 선인장 정원에서는

광장 속 쥬라기 공원, 공룡과 꽃이 어우러진 풍경

강렬한 햇살 아래 서 있는 선인장들이 인상적이었고, 난초 정원에서는 고운 꽃잎들이 바람에 살랑이며 우아함을 뽐내고 있었다.

한 발 한 발 걸을 때마다 새로운 경관이 펼쳐졌고, 그저 바라보는 것만으로도 마음이 평온해졌다. 나이가 들수록 화려한 볼거리보다 자연이 주는 고요함과 여유가 더 값지게 느껴지는 법이다.

### 은퇴 후의 삶, 시간의 가치는 어떻게 결정되는가

정원을 거닐며 장로님과 자연스럽게 삶에 대한 이야기를 나누게 되었다. 젊은 날의 열정과 노력이 쌓여 현재의 모습이 만들어졌고, 이제는 앞으로의 시간을 어떻게 채워갈 것인가에 대한 고민이 스며들었다.

"은퇴 후의 삶은 단순히 시간이 많아지는 것이 아니라, 그 시간을 어떻게 보내는가에 따라 더욱 풍요로워질 수 있다는 것."

이 깨달음이야말로 능눗 트로피컬 가든에서 얻은 가장 큰 선물이었다.

돌로 새긴 인도의 역사, 타지마할을 담다

### 은퇴 후에는 무엇이 중요한가

은퇴 후에는 더 이상 일을 하지 않는다는 사실이 아니라, 삶의 우선순위가 달라진다는 것이 중요하다. 돈을 버는 것보다, 시간의 가치를 더 깊이 고민하고, 내가 사랑하는 사람들과 의미 있는 순간을 만드는 것이다. 이제 우리는 앞만 보고 달려가는 것이 아니라 지금 이 순간을 더 깊이 음미하며 살아가야 한다.

### 여행의 진정한 의미는 무엇일까

우리는 흔히 여행을 새로운 곳을 탐험하는 기회라고 생각한다. 하지만 이번 여행을 통해 느낀 것은, 여행의 기쁨은 단순한 관광이 아니라, 좋은 사람과 함께하며 삶의 의미를 되새기는 데 있다는 것이었다. 아름다운 정원을 걸으며, 장로님과 나눈 대화는 단순한 잡담이 아니라, 인생의 방향을 다시 한번 돌아보게 하는 귀한 시간이었다.

늦은 트로피컬 가든에서의 시간을 돌아보며, 앞으로도 이렇게 자연 속에서 쉼과 교감을 나누는 여행을 자주 떠나야겠다고 다짐했다. 은퇴 후의 삶은 끝이 아니라, 새로운 장을 써 내려가는 시간이다. 그 장이 더욱 풍요롭고 아름답게 채워지길 바라며, 다음 여행지를 향한 기대를 품어본다.

이 장과 관련된 ▶유튜브 영상 보기
https://youtu.be/wMMASshRtzg

# 도시의 빛과 그림자
- 워킹스트리트가 보여준 파타야의 두 얼굴

### 낮과 밤, 서로 다른 얼굴을 가진 도시

여행이 주는 즐거움은 새로운 경험과 만남 속에서 삶의 의미를 발견하는 데 있다. 이번 태국 여행에서도 많은 곳을 둘러보았지만, 그중에서도 파타야의 워킹 스트리트(Walking Street)는 가장 인상적인 장소 중 하나였다.

오전에는 골프를 치고, 오후에는 황금절벽사원(Khao Chi Chan Buddha)과 능눗 트로피컬 가든(Nong Nooch Tropical Garden)을 방문한 뒤 저녁 식사를 마쳤다. 하루 일정을 마무리하고 숙소로 돌아갈까 고민했지만, 파타야의 밤 문화가 궁금해져 친구와 함께 밤거리를 둘러보기로 했다.

밤마다 활기 넘치는 파타야 워킹 스트리트

### 조용한 어촌에서 세계적인 관광지로

파타야는 원래 작은 어촌 마을이었다. 그러나 베트남 전쟁 당시 미군의 휴양지로 주목받으면서 급격히 성장했고, 지금은 세계적인 관광지로 자리잡았다.

도시의 변천사를 들으며 거리를 걸어보니, 그 변화의 흐름이 피부로 느껴졌다. 낮의 파타야는 평화롭고 한적했다. 푸른 바다와 끝없이 펼쳐진 모래사장은 마치 은퇴 후의 삶이 주는 여유로움을 닮아 있었다.

그러나 해가 지고 밤이 되자, 도시는 전혀 다른 얼굴을 드러냈다. 형형색색의 네온사인이 번쩍이는 거리, 사람들로 북적이는 클럽과 바, 길거리에서 울려 퍼지는 라이브 음악까지… 파타야의 밤은 낮과는 전혀 다른 활기와 열기로 가득했다.

한번 맞춰보겠다고 던졌지만… 꽝!

### 파타야의 논란 속 공연, 선택은?

파타야는 다양한 볼거리와 유흥 문화로 유명한 곳이다. 그 중에서도 최근 가장 화제가 되는 것이 69쇼, 96쇼다. 현지에서도 '핫 하다'는 말이 나올 정도로 많은 사람들이 관심을 가지지만, 동시에 관람에 대한 논란도 적지 않다.

여행 중 자연스럽게 이 공연을 볼 것인가에 대한 의견이 갈렸다. "안 보고 아쉬워하는 것보다, 보고 후회하는 것이 낫다"는 쪽과 "본 사람 중 70% 이상이 후회한다"는 현지인 친구의 말이 엇갈렸다. 우리는 이 논쟁에서 후자의 의견에 더 무게를 두고 결국 보지 않기로 결정했다.

하지만 공연의 내용이 궁금해 현지 정보를 알아보니, 이 쇼는 트랜스젠더 출연진이 19금 수준의 공연을 펼치는 형태라고 한다. 특이하게도 주된 관람객은 여성들이 많으며, 입장료는 약 5만 원 정도. 이 공연을 운영하는 사람들은 중국인 자본이라는 점도 흥미로운 사실이었다.

파타야의 밤, 파도 소리를 따라 걷다

    이러한 쇼는 호기심을 불러일으키지만, 보는 것이 꼭 즐거운 경험이 되는 것은 아니다. 은퇴 후 여행을 떠날 때, 무엇을 볼 것인가도 중요한 선택이 된다. 이번 경험을 통해, 유행을 따르기보다는 스스로의 가치관과 취향에 따라 판단하는 것이 중요하다는 것을 다시 한번 깨닫게 되었다.

### 해변을 거닐며 나눈 대화

    논란의 종지부를 찍고 우리는 함께 파타야 해변을 따라 걸었다. 맨발로 모래사장을 밟으며 밤바다의 파도 소리를 들으니, 하루의 피로가 스르르 풀리는 듯했다. 도시의 화려한 불빛과는 대조적으로 바다는 여전히 조용하고 잔잔했다.

이런 순간에는 자연스레 옛날 이야기가 흘러나온다. 젊은 시절 함께했던 여행, 일에 치이며 바쁘게 살았던 시간들, 그리고 이제는 조금 더 여유롭게 살아갈 수 있는 나날들. 친구와 함께 지난 삶을 돌아보며, 앞으로의 노후 생활에 대해서도 이야기를 나누었다.

### 은퇴 후의 삶, 그 시간을 어떻게 보낼 것인가

은퇴 후의 삶은 단순히 시간이 많아지는 것이 아니라, 그 시간을 어떻게 보내는가에 따라 의미가 달라진다.

"돈을 많이 벌고 적게벌고의 문제가 아니라, 남은 시간을 어떻게 가치 있게 보낼 것인가? 그것이 더 중요한 문제였다."

젊었을 때는 성공과 목표를 향해 쉼 없이 달려왔지만, 이제는 천천히, 의미 있는 삶을 만드는 것이 더 중요했다.

### 워킹 스트리트를 걸으며 하루를 마무리하다

해변을 따라 걷다 보니, 어느덧 워킹 스트리트(Walking Street)에 다다랐다. 파타야의 대표적인 유흥가답게 이곳은 밤이 깊어질수록 더욱 활기를 띠었다. 거리 곳곳에서는 라이브 음악이 흘러나왔고, 바(Bar)와 클럽들은 화려한 조명 아래 사람들로 북적였다.

젊은 시절이었다면 이런 분위기 속에서 흥겨운 시간을 보냈을지도 모르지만, 이제는 그저 한 걸음 한 걸음 천천히 걸으며 밤거리를 구경하는 것만으로도 충분했다. 다채로운 불빛과 활기찬 분위기를 감상하며, 여행의 또 다른 면을 경험한 것 같아 나름의 의미가 있었다.

그렇게 우리는 파타야의 밤거리를 걸으며 오늘 하루를 마무리했다.

### 여행의 의미, 그리고 앞으로의 삶

여행을 하다 보면 예상하지 못한 순간들이 찾아온다. 기대했던 것보다 실망스러운 경험도 있고, 반대로 소소하지만 가슴 깊이 남는 순간들도 있다. 이번 여행에서도 화려한 볼거리보다 조용한 해변을 걸으며 나눈 대화가 더욱 기억에 남았다.

"은퇴 후의 삶은 마치 이 여행과도 같았다."

화려한 것만 좇기보다는, 마음이 편안해지고 삶의 의미를 되새길 수 있는 시간을 갖는 것이 더 중요하다는 것을 깨닫게 되었다. 다음 여행에서는 또 어떤 순간들을 만나게 될까? 기대감을 안고, 다시 일상으로 돌아갈 준비를 했다.

이 장과 관련된 ▶유튜브 영상 보기
https://youtu.be/1RmDWy68ca0

제5장

작별과 시작 사이

- 끝은 늘 새로운 길의 이름이었다

# 우정의 마지막 홀
## - 람차방에서의 잊지 못할 라운드

명문 골프코스의 품격, 아름다운 정원의 여유

### 좋은 친구, 좋은 코스, 그리고 잊지 못할 순간들

여행이 주는 기쁨은 단순히 새로운 곳을 방문하는 데 있지 않다. 함께한 사람들과의 소중한 추억이 더해질 때, 그 여행은 더욱 의미 있어진다. 오늘은 11일간 함께했던 친구 한 명이 한국으로 돌아가는 날. 오랜 시간 여행하며 함께 걷고, 함께 스윙하고, 함께 웃었던 순간들이 머릿속을 스쳐 지나갔다.

끝까지 함께하지 못하는 아쉬움이 컸지만, 남은 여행을 더욱 즐겁게 보내야겠다는 마음으로 우리는 또 다른 여정을 이어가기로 했다.

### 람차방 골프코스, 명장의 설계가 빛나는 곳

오늘의 일정은 태국 파타야의 명문 골프코스, 람차방 골프코스(Laem Chabang International Country Club). 이번 여행에서 가장 비싼 그린피를 지불하고 방문하는 곳이기에, 기대감은 더욱 컸다.

원래는 매년 LPGA 투어가 열리는 '시암 올드 코스(Siam Old Course)'에서 라운드를 하려 했지만, 대회 준비 기간이라 일반인 예약이 불가능했다. 약간의 아쉬움은 있었지만, 람차방 골프코스 역시 세계적인 명문 코스였기에 설레는 마음으로 골프코스로 향했다.

### 전설의 손길이 닿은 코스

람차방 골프코스는 골프 전설, 잭 니클라우스(Jack Nicklaus)가 설계한 코스. 1995년에 개장한 이곳은 27홀 규모로 조성되어 있으며, 각각의 코스는 마운틴(Mountain), 레이크(Lake), 밸리(Valley)라는 독특한 테마를 가지고 있었다.

잭 니클라우스가 설계한 코스답게 단순한 비거리 싸움이 아닌 전략적인 플레이가 요구되는 코스였다. 그린 주변에는 워터 해저드, 깊은 벙커, 그리고 마운드가 치밀하게 배치되어 있어 코스를 읽는 능력이 중요한 곳이었다.

### 그림 같은 풍경 속, 즐거운 라운드

우리는 레이크 코스와 밸리 코스를 플레이하기로 결정. 그 중에서도 레이크 4번 홀은 인상적이었다. 코스 한가운데 자리한 해저드, 주변을 감싸는 푸른 호수와 연못, 그리고 그 안에 녹아 든 코스의 풍경은 마치 한 폭의 그림 같았다. 우리는 잠시 골프 스코어를 잊고 눈앞의 경관을 감상했다.

뭘 그리 고민하나, 이미 버스 지나갔네!

누가누가 잘하나? 우산과 함께한 이색 패션쇼!

### 양보 없는 승부, 그리고 뜻밖의 내기

요즘 우리는 서로의 실력이 비슷해지면서 라운드마다 한 치의 양보 없는 승부를 벌이고 있었다. 그런데 뜻밖에도 귀국하는 친구가 어이없는 내기를 제안했다.

"롱기스트(Longest Drive) 내기를 하자!"

사실 그는 평소 드라이버 비거리 250미터를 넘기는 장타자였고, 나는 정확성에 강한 200미터 플레이어. 하지만 문제는 내기 조건이었다.

"페어웨이에 안착하지 않아도 된다! 해저드나 OB(아웃 오브 바운드)만 아니면 러프라도 인정!"

즉, 방향성은 전혀 중요하지 않고 무조건 멀리 보내는 사람이 이기는 내기. 게다가 이 게임은 내가 승리해도 무승부 처리되고, 상대방 역시 패배할 수 없는 이상한 규칙으로 제안된 것이었다. 순간 '이것이 내기인가, 자선 돕기인가….' 하는 생각이 들었지만, 귀국하는 친구를 위해 기분 좋게 내기에 응하기로 했다.

### 예상 밖의 승부, 그리고 즐거운 마무리

그런데 놀랍게도, 귀국하는 친구가 계속해서 멋진 샷을 날렸다. 우리는 그를 위해 내기를 받아들였지만, 정작 우리의 패배가 점점 현실이 되어 갔다. 분위기는 완전히 그의 페이스. 우리는 점점 불리한 상황에 놓이게 되었다.

그리고… 마지막 샷!

그는 천천히 드라이버를 들어 올리고, 가볍게 스윙을 했다. 쾅! 공은 빠르게 하늘을 가르며 페어웨이 끝자락을 넘어갔다.

"며칠만 더 있으면 명예 회복할 기회가 있을 텐데, 아쉽다!"

그는 환한 미소를 지으며 농담을 던졌다. 우리는 웃음을 터뜨리며 그의 장난을 받아주었다. 때로는 이기는 것보다, 함께하는 순간이 더 소중한 법. 오늘의 승부는 결과와 상관없이 좋은 기억으로 남을 것 같았다.

### 은퇴 후의 삶, 골프코스에서 얻은 깨달음

좋은 코스에서의 신나는 라운드. 우리는 또 하나의 잊지 못할 추억을 만들었다. 골프는 단순한 스포츠가 아니다. 동반자와 함께 걷고, 자연을 즐기고, 삶을 되돌아볼 수 있는 시간.

오늘의 라운드를 통해 다시 한번 깨달았다.

"은퇴 후의 삶은 경쟁보다는 여유를 즐기는 것이 더 중요하다."

우리는 젊었을 때보다 더 많은 시간을 가지고 있지만, 그 시간을 어떻게 채워가는가에 따라 삶의 질이 달라진다.

오늘 하루는 단순한 골프 라운드가 아니라, 좋은 친구들과 함께한 의미 있는 시간이었다. 아름다운 코스에서 멋진 플레이를 하고, 함께

말없이 어깨를 내주는 친구

웃으며 하루를 마무리하는 것. 이것이야말로 진정한 행복이 아닐까?

또 한 번의 여행, 한 번의 라운드를 기약하며 이제 귀국하는 친구를 배웅하며, 남은 여행도 더욱 의미 있는 순간들로 채워가지겠다고 다짐했다. 그리고 언젠가, 또 다른 여행에서, 또 한 번의 라운드를 함께 할 날을 기약하며 우리는 람차방 골프코스를 떠났다.

이 장과 관련된 유튜브 영상 보기
https://youtu.be/81iNLYyUh0M

# 예술, 철학, 그리고 침묵
### - 진리의 성전에서 마주한 감동

못 하나 없이 나무로 지어진 경이로운 진리의 성전

### 파타야 여행의 마지막 장, 그리고 특별한 경험

여행의 끝자락에는 언제나 아쉬움이 남는다. 특히 좋은 사람들과 함께한 시간이 길수록, 마지막 순간은 더욱 특별하게 느껴진다. 파타야에서의 마지막 골프 라운드를 마친 후, 우리는 이곳에서의 마지막 하루를 의미 있게 보내기로 했다.

처음에는 한국식 짬뽕이 유명한 한식당을 찾으려 했지만, 아쉽게도 휴무. 대신 유튜브 '허당라이프'가 추천한 태국 전통 음식점을 방문하기로 했다. 비록 규모는 작았지만, 정성이 담긴 태국 음식을 맛볼 수 있는 곳이었다.

### 진리의 성전(Sanctuary of Truth), 웅장한 목조 건축의 미학

든든히 배를 채운 후, 파타야에서 가장 독특한 건축물 중 하나, 진리의 성전(Sanctuary of Truth)을 방문하기로 했다. 단순한 관광지가 아니라, 깊은 철학과 예술성이 담긴 공간. 못 하나 없이 세운 목조 건축물이라는 점이 우리의 호기심을 자극했다.

### 못 없이 지어진 거대한 성전

진리의 성전은 1981년, 태국의 사업가 렉 위리야판(Lek Viriyapant)이 건축을 시작한 곳. 이곳은 불교와 힌두교 철학을 바탕으로 '인간, 우주, 신의 관계'를 표현하는 독특한 건축물이었다. 하지만 무엇보다도 놀라운 점은 이 거대한 목조 건축물이 못을 하나도 사용하지 않고 만들어졌다는 것.

오직 나무를 맞물려 세운 구조라니, 눈앞에 펼쳐진 웅장한 건물이 믿기지 않았다. 건물 자체가 하나의 예술 작품이었으며, 공사는 여전

진리의 성전, 바다를 배경으로 인생 샷 명소로 떠오른다

히 진행 중이었다. 바닷가를 배경으로 태국 전통 건축 기법이 녹아 든 성전은 한없이 고요하면서도 신비로운 분위기를 자아냈다. 우리는 그 경이로운 광경 앞에서 한동안 말을 잃었다.

### 입장료와 예상치 못한 자유 관람

진리의 성전 입장료는 1인당 500바트(약 18,000원). 태국 물가를 고려하면 다소 높은 편이었지만, 이곳을 직접 보고 난 후에는 그만한 가치를 충분히 한다는 생각이 들었다.

입구에서는 한국어, 영어, 중국어, 일본어 가이드 투어가 제공되었지만, 각 언어별로 정해진 시간이 달랐다. 우리는 한국어 가이드 투어 시간과 맞지 않아 영어 가이드를 따라가려 했지… 한 친구가 말했다.

"어차피 들어도 못 알아들을 텐데, 그냥 우리끼리 자유롭게 구경하자!"

그 말에 모두가 동의했고, 우리는 가이드 없이 우리만의 방식으로 성전을 둘러보기로 했다. 결과적으로, 더 여유롭게 건축물을 감상하며, 우리만의 속도로 여행을 즐길 수 있었다. 바다가 보이는 창가에 앉아 하트 모양을 만들며 사진을 찍고, 영상을 촬영하며 진정한 자유 여행의 순간을 만끽했다.

### 건축적 경이로움, 그리고 남겨진 의문

웅장한 목조 건축물 앞에서 우리는 감탄을 금치 못했다. 하지만 한 친구가 이러한 목조 건축물의 유지에 대한 의문을 던졌다.

"이렇게 아름답고 웅장한 건물이지만, 만약 화재가 난다면 어떻게 될까?"

그 말을 듣고 보니, 정말 그러했다. 태국은 더운 날씨 탓에 목재 건축물의 유지와 보호가 더욱 중요할 텐데, 이곳은 과연 어떤 대비책을 가지고 있을까? 궁금증은 남았지만, 그 답을 찾는 것보다 눈앞에 펼쳐진 이 경이로운 건축물을 오롯이 감상하는 것이 더 중요하다는 생각이 들었다.

### 목공 체험, 그리고 특별한 순간

진리의 성전은 여전히 건설 중. 출구 근처에는 수많은 목공 장인들이 직접 나무를 조각하고 다듬으며 이 성전을 완성해 나가고 있었다.

진리의 성전에서 만난 특별한 목공 체험

릴스로 목공체험 보러 가기

그 모습을 보며, '나도 직접 해볼 수 있을까?' 하는 생각이 들었다.

망설이다가 용기를 내어 태국어로 조심스럽게 물어봤다.

"찬 다이 마이?(내가 해볼 수 있나요?)"

작업 중이던 태국인 여성 목공 장인이 환한 미소로 대답했다.

"다이!(할 수 있어요!)"

그리고 나는 망치를 들어 조심스럽게 나무를 파기 시작했다. 처음 해보는 목공 작업이었지만, 이 성전을 완성해 가는 과정의 일부가 된 듯한 느낌. 그녀는 내가 작업하는 모습을 멋지게 사진과 영상으로 담아주었고, 그 순간은 SNS 릴스(Reels)에 남길 정도로 특별한 기억이 되었다.

### 여행의 끝자락에서 얻은 깨달음

진리의 성전에서의 시간은 단순한 관광이 아니었다. 새로운 것을 보고, 경험하며, 배우는 과정. 이것이야말로 여행이 주는 가장 큰 가치가 아닐까.

우리는 건축 전문가가 아니지만, 이 웅장한 건축물 앞에서 감탄하고, 직접 만지고, 궁금증을 품으며 배울 수 있었다. 그리고 목공 체험을 통해 이 성전을 만들어가는 과정의 일부가 되어보는 경험까지. 그 순간, '은퇴 후의 삶도 이와 같지 않을까?'하는 생각이 들었다.

과거보다 더 많은 시간을 가지고 있지만, 그 시간을 어떻게 채우는가에 따라 삶의 질이 달라지는 법. 새로운 경험을 하며 배우고, 탐구하고, 스스로 깨달아 가는 것이야말로 인생을 더욱 풍요롭게 만드는 요소가 아닐까.

### 또 다른 여행을 기대하며

진리의 성전에서 보낸 시간은 단순한 관광이 아니라 한 편의 예술 작품을 감상하고, 직접 참여하는 특별한 경험이었다. 이제 파타야에서의 일정이 끝나가고 있었다.

여행의 마지막이 다가올수록 아쉬움이 컸지만, 그만큼 더 많은 추억을 남길 수 있었다. 이제 우리는 다음 여행을 꿈꾸며, 새로운 경험을 기대하며, 진리의 성전을 떠났다.

# 예정에 없던 작별
- 귀국하는 친구와의 마지막 순간들

### 여행의 끝자락에서

여행의 끝은 언제나 아쉽다. 오랜 시간을 함께한 친구가 떠나는 것은 단순한 이별이 아니라, 함께한 순간들이 추억으로 남는 것이다. 오늘은 11일간 함께했던 친구가 한국으로 돌아가는 날이었다. 귀국 시간이 밤 11시라 우리는 파타야에서 더 시간을 보낼 수 있었다. 우리는 '프라 탐낙 전망대'에 가려 했다. 그러나 친구들에게 제안하니 모두 조용했다. 피곤해서인지, 귀국을 앞둔 마음 때문인지 대답이 없었다.

친구들은 지쳐 보였고, 귀국하는 친구는 떠날 준비에 신경이 곤두서 있었다. 나는 전망대 사진이라도 찾아보라고 권했다. 여행에서는 계획과 현실이 다를 수 있다. 때로는 주변 분위기를 읽고 유연하게 움직이는 것이 더 좋은 선택이다.

해외에서 안전을 위해! 차량번호 찍는 습관을 가지자

### 예상치 못한 변수

공항으로 갈 준비를 하려는 순간 친구가 말했다.

"골프 항공 커버를 람룩카 집에 두고 왔어."

골프 백을 실으려면 반드시 필요한 항공 커버를 깜빡한 것이다. 해결 방법은 두 가지였다. 한가지는 파타야에서 새 커버를 구입한다. 두 번째는 람룩카에 가서 커버를 가져오는 것이었다.

하지만 적당한 항공 커버를 파타야에서 구할 수 없었다. 람룩카까지 다녀오는 것도 쉽지 않았다. 친구는 결심한 듯 말했다.

"내가 혼자 택시를 타고 공항으로 갈게."

태국 여행이 처음인 친구였다. 혼자 이동하는 것도 처음이었다. 그러나 상황을 고려했을 때 쉽지 않은 선택이었다.

### 귀국을 앞둔 친구의 마음

우리는 이른 시간에 파타야를 출발했다. 숙소에 들러 커버를 챙긴 후, 저녁을 먹기로 했다. 동네 로탓스 푸드 코너에서 각자 음식을 시켜 간단히 식사했다. 이때 친구가 말했다.

"귀국을 연장할까?"

우리는 웃었다. 여행 중에는 떠나고 싶지 않은 순간이 있다. 그러나 현실은 우리를 기다려주지 않는다. 친구는 결국 귀국을 결심했다. 하지만 얼굴에는 걱정이 가득했다. 혼자 공항까지 가야 한다는 부담 때문이었다.

우리도 미안했다. 하지만 친구는 "혼자 갈 수 있으니 택시만 잡아 달라."고 했다. 우리는 혹시 모를 상황에 대비해 택시 번호판과 회사 정보를 기록해 두었다.

남미에서 공수해서 심은 나무로 아래로 부풀어 오른 병 모양의 줄기라 하여 보틀트리(Bottle Tree).
카오야이 보난자cc에 식재 되었다.

### 돌발 상황, 잃어버린 휴대전화

친구는 무사히 공항에 도착했다. 우리는 안심하고 잠자리에 들었다. 그런데 한 시간 후, 해외 번호로 전화가 왔다. 보이스피싱인가 싶어 받지 않았다. 그러나 계속 걸려와 결국 전화를 받았다.

"핸드폰을 잊어버렸어!"라는 친구의 전화였다.

친구는 아마도 택시에 두고 내린 것 같았다. 다행히 우리는 택시 번호와 회사 정보를 기록해 두었다. 즉시 연락을 시도했지만 연결이 쉽지 않았다. 태국에 있는 지인에게 도움을 요청했다. 택시 회사에 전화해 달라고 부탁했다. 그러나 연결이 되지 않았다.

### 핀잔과 미안함 사이

당황스러운 상황이었다. 나는 왜 잘 가고 있는 친구에게 전화를 해서 핸드폰을 잃어버리는 사단을 만들어냈냐고 장로님에게 핀잔을 주었다. 친구는 분명 걱정되는 마음으로 혼자 가는 친구를 위해 전화를 했을 것이다.

그런데도 친구는 오히려 침착하게 대응했다. 그의 차분함이 이 급박한 상황에서도 빛을 발했다.

우리는 친구의 핸드폰으로 계속 전화를 걸었다. 그러던 중 한 통의 전화가 걸려왔다. 발신 번호를 보니 한국 번호였다. 전화를 받으니 부산 사람이었다.

"제가 공항에서 핸드폰을 주웠습니다."

이보다 반가운 소식이 있을까? 그분은 한국에 도착하면 택배로 보내주겠다고 했다. 친구는 비행기 안에서 마음을 졸였을 것이다. 우리도 직접 공항까지 배웅했어야 했다는 후회가 밀려왔다.

연잎 사이, 마음이 머무는 곳

### 침착함의 교훈

장로님인 친구는 이 모든 상황에서도 차분하게 대처했다. 핸드폰을 찾아야 한다는 급박한 상황에서도 그는 침착함을 잃지 않았다.

그런 그에게 내 미안함은 더욱 깊어졌다. 핀잔을 준 것이 부끄러웠다. 친구는 내가 어려운 상황에 처해도 똑같이 도와줄 것 같은 수호신 같은 존재였기에, 더욱 마음이 무거웠다.

### 여행이 주는 교훈

이번 일을 통해 친구의 새로운 모습을 보았다. 그는 당황하지 않고 침착하게 상황을 해결했다. 나는 그를 보며 좋은 친구를 두었다는 생각이 들었다.

그에게 진심으로 사과했을 때, 그는 웃으며 답했다.

"우리가 오랜 친구가 아닌가. 이런 일쯤이야 서로 이해하는 거지."

그 말에 내 마음의 무게가 조금 가벼워졌다. 그렇다. 진정한 친구란 이런 것이다. 서로의 실수를 탓하지 않고, 함께 해결책을 찾아가는 사람.

이번 여행은 단순한 관광이 아니었다. 예상치 못한 사건들이 있었지만, 함께 해결하며 우정과 신뢰가 깊어졌다. 은퇴 후의 삶도 마찬가지다.

예측할 수 없는 변수들이 생긴다. 그러나 함께하는 사람이 있다면 해결할 수 있다.

무엇보다, 좋은 친구는 인생 최고의 자산이라는 것을 깨달았다. 어려운 순간에도 서로를 믿고 의지할 수 있는 친구가 있다는 것, 그것이야 말로 여행이 우리에게 준 가장 큰 선물이 아닐까.

이 장과 관련된 유튜브 영상 보기
https://youtu.be/GKO6buqHDLE

# 빈 자리가 남긴 것
- 홀로 걷는 라운드와 그리움의 가치

**함께했던 날들의 여운, 그리고 혼자 걷는 라운드**

　여행에서 가장 기억에 남는 순간은 누구와 함께했는가에 따라 달라진다. 이번 여행도 마찬가지였다. 열흘 동안 친구들과 함께한 골프 라운드. 매일 새벽, 졸린 눈을 비비며 골프코스로 향했다. 푸른 잔디 위에서 공을 치며 웃었고, 누군가는 호쾌한 드라이버 샷을 날렸으며, 또 누군가는 아슬아슬한 퍼팅을 놓쳐 아쉬워했다. 그 모든 순간이 모여 특별한 시간으로 남았다.

　그러나 언제나 그렇듯, 함께하는 시간은 길지 않았다. 한 친구는 귀국했고, 남은 친구들은 피곤하다며 하루를 쉬겠다고 했다.

　"그래, 내일 아침에도 쉬고 싶으면 푹 쉬어."

　그렇게 말하며 혼자 클럽을 챙겨 골프코스로 향했다. 혼자 하는 라

사쿠라, 너만이 나를 기다리고 있구나!

운드는 익숙했지만, 오늘은 낯설었다. 독립적인 플레이가 익숙했던 나에게 오늘의 조용함은 외로움처럼 다가왔다.

### 무앙엑 골프코스에서 홀로 걷다

오늘의 골프코스는 무앙엑 골프클럽. 며칠 전까지만 해도 친구들과 함께했던 곳이다. 코스 하나하나가 눈에 익었다. 어디에서 실수를 했고, 어디에서 멋진 샷을 날렸는지도 기억났다. 그러나 오늘은 달랐다. 티 그라운드에서도, 페어웨이에서도, 그린에서도 홀로. 친구들과 함께 걸었던 페어웨이를 묵묵히 걸었다.

드라이버를 잡고 백스윙을 준비하는 순간, 자연스럽게 떠오르는 친구들과의 기억들. 한 친구는 "오늘은 꼭 롱기스트를 따겠다"며 자신감

익숙한 혼자 라운드, 오늘은 왠지 쓸쓸하다

을 보였고, 또 다른 친구는 "드라이버보다 아이언이 더 편하다"며 티샷에서도 아이언을 선택했다. 이야기와 웃음이 가득했던 코스였는데, 오늘은 바람 소리만 조용히 들려왔다.

스윙을 하고, 공을 따라가고, 퍼팅을 하고, 홀 아웃을 한다. 평소와 다를 것 없는 과정이었지만, 마음 한 편이 공허했다. 함께했던 순간들이 얼마나 소중했는지를 새삼 깨닫게 되는 시간이었다.

### 혼자 하는 골프, 그리고 다시금 떠오르는 우정

사람은 환경에 적응하는 존재지만, 함께하는 골프에 익숙해진 나에게 혼자 하는 라운드는 낯설고 쓸쓸했다. 골프는 혼자서도 할 수 있는 스포츠다. 자신과의 싸움을 하듯, 조용히 집중하며 한 샷 한 샷을 고민할 수도 있다.

그러나 오늘의 라운드는 유난히 조용했다. 그 조용함 속에서 친구들과의 시간이 얼마나 즐거웠는지 깨닫게 되었다. 마지막 퍼팅을 마치고 클럽을 정리하며 생각했다. 내일은 다시 친구와 함께할 수 있을까? 아니면 또 혼자일까? 어느 쪽이든, 이 순간 또 하나의 추억이 될 것이다. 천천히 골프코스를 떠나며 그렇게 하루를 마무리했다.

### 은퇴 후의 삶, 그리고 함께하는 즐거움

은퇴 후의 시간은 선택의 연속이다. 어떻게 하루를 보낼지, 누구와 시간을 함께할지, 어떤 경험을 할지. 혼자만의 시간을 즐길 수도 있고, 누군가와 함께할 수도 있다.

그러나 오늘의 라운드를 통해 다시금 깨달았다. 삶은 혼자서도 즐길 수 있지만, 함께할 때 더 빛이 난다는 것을. 골프도 그렇다. 혼자 하는 라운드는 차분하고 깊이 있는 시간이 될 수 있다. 그러나 좋은 친구들과 함께하는 라운드는 그 자체로 특별한 즐거움이 된다.

이제 남은 여행에서 또 어떤 만남과 시간이 기다리고 있을까? 그 기대감을 안고, 나는 다시 한 번 새로운 하루를 맞이할 준비를 한다.

이 장과 관련된  영상 보기
https://youtu.be/izYoAPsrmK4

# 국경일의 여유
– 승부 너머의 특별한 골프 시간

두 개의 우산, 한 마음으로 걷다

릴스로 보여준
케빈나의 퍼팅장면

### 예기치 않은 순간이 만들어낸 특별한 라운드

어느새 버킷리스트 골프 투어의 끝자락에 다다랐다. 이번 여행을 계획할 때부터 설렘과 기대가 컸다. 낯선 땅에서, 푸른 잔디 위에서, 오랜 친구들과 함께 스윙을 날리며 보내는 시간. 골프를 좋아하는 사람이라면 누구나 꿈꾸는 순간들이 아닐까? 하지만 여느 여행이 그렇듯, 예상치 못한 상황은 언제든 찾아오기 마련이다. 오늘도 그런 하루였다.

### 서툰 태국어, 그리고 새로운 도전

오늘은 특별히 직접 골프코스 예약을 해보기로 했다. 평소라면 익숙한 예약 앱을 사용했겠지만, 이번에는 서툰 태국어로 직접 전화를 걸어 예약을 시도했다. 낯선 언어를 사용한다는 긴장감도 있었지만, 막상 해보니 생각보다 잘 통했다.

"싸왓디 캅! 티타임 유 마이 캅?"(안녕하세요! 티타임 있나요?)

몇 번의 간단한 대화 끝에 아침 7시 티타임을 예약할 수 있었다. 게다가 앱에서 확인한 가격보다 조금 저렴해 보였기에 기분 좋게 예약을 마쳤다. 나름대로 성공적인 도전이었다고 뿌듯한 마음으로 클럽하우스로 향했다.

### 국경일이라는 뜻밖의 변수

여유롭게 골프코스에 도착한 후, 그린피를 결제하려는 순간. 계산대 직원이 부른 가격이 예상보다 훨씬 높았다.

"엥? 가격이 왜 이렇지?"

당황한 나머지 이유를 물어보니, 오늘이 태국의 국경일이기 때문이

푸른 하늘 아래 골프와 야자수, 이국적인 필드의 순간

라는 것. 순간 피식 웃음이 났다.

"낯선 나라에서, 낯선 언어로, 낯선 경험을 또 하나 쌓았구나."

처음에는 다소 당황스러웠지만, 곧 생각을 바꿨다. 이것 또한 여행의 일부이고, 예상 밖의 변수들이 여행을 더 특별하게 만드는 법이니까.

### 새로운 방식의 라운드, 그리고 자연 속에서의 여유

오늘 라운드는 크롱카비 골프코스 앤 컨트리클럽(Krung Kavee Golf Course & Country Club)에서 진행되었다. 이 골프코스는 방콕 인근 빠툼타니(Pathum Thani) 지역에 위치한 18홀 규모의 코스로, 1996년 일본인 설계자 마나부 사카모토(Manabu Sakamoto)가 디자인했다.

처음 방문한 골프 코스였지만, 기대 이상이었다. 깔끔한 페어웨이,

세심하게 관리된 벙커와 그린, 그리고 태국 특유의 푸르른 자연. 몇몇 홀에서는 자연 습지와 연못이 어우러져 더욱 아름다운 경관을 이루고 있었다. 캐디들도 밝은 미소로 다가와 편안한 분위기를 만들어줬다. 태국 골프코스의 따뜻하고 친절한 서비스는 늘 감탄 스럽다.

하지만 이곳의 골프코스는 한국과 운영 방식이 조금 달랐다. 정해진 티 오프 시간이 의미가 없었다. 준비되는 대로, 가능한 곳에서 라운드를 시작하는 시스템. 우리가 배정받은 홀은 7번 홀. 처음에는 다소 어색했지만, 이내 자연스럽게 흐름에 몸을 맡기고 라운드를 이어갔다.

### 승부보다 소중했던 순간

오늘만큼은 친구와의 경쟁을 잠시 내려놓고 싶었다. 그러던 차에 내기를 피하고 싶었던 친구가 슬며시 스코어 카드를 덮었다. 평소 같았으면 "오늘은 승부다!"를 외쳤을 텐데, 오늘은 달랐다.

햇살은 피하고, 마음은 쉬어가는 곳

승부보다, 이 순간을 기억하고 싶다는 듯. 그냥 이야기 나누며 걷고, 웃고, 또 한 번의 샷을 날렸다.

친구들과의 한 박자 느린 걸음, 바람에 살랑이는 나무들, 캐디의 유쾌한 웃음소리.

그 모든 것들이 어우러져 평범한 라운드가 아닌, 소중한 추억이 되는 순간이었다.

### 국경일이 선물한 특별한 하루

어느덧 마지막 퍼팅을 마쳤다. 라운드를 끝마친 후, 우리는 잠시 코스를 돌아보며 눈앞에 펼쳐진 풍경을 다시 한 번 눈에 담았다. 태국의 푸른 하늘, 넓게 펼쳐진 초록빛 잔디, 그리고 함께한 친구들의 미소. 마치 오늘이 국경일이라는 뜻밖의 선물이 이 라운드를 더욱 특별하게 만들어 준 것만 같았다.

버킷리스트 골프 투어의 마무리가 점점 다가오고 있었다. 이번 여행에서 우리는 얼마나 많은 순간을 함께했을까? 몇 번의 라운드를 돌며, 몇 번의 티 샷을 날렸으며, 몇 번의 웃음을 나눴을까? 시간이 지나면 스코어는 기억에서 흐려지겠지만, 이 순간의 여운만큼은 오래도록 가슴속에 남을 것이다.

### 은퇴 후, 다시 떠날 여행을 꿈꾸며

은퇴 후의 시간은 자신만의 방식으로 채워가는 과정이다. 우리는 더 이상 일터에서 보내는 시간이 아닌, 진정으로 원하는 것들을 경험할 수 있는 자유를 얻었다. 오늘의 골프 라운드는 그 자유 속에서 만난 작은 선물이었다.

스코어보다 더 중요한 것, 승부보다 더 값진 것, 바로 좋은 친구들과 함께하는 시간, 그리고 그 순간을 온전히 즐기는 마음. 이제 여행도 마무리를 향해 간다. 하지만 끝이 아니라, 또 다른 여행을 향한 준비일 뿐이다.

이곳에서의 경험이 오래도록 기억 속에서 빛나길 바라며, 다음 여행지에서는 또 어떤 뜻밖의 선물이 기다리고 있을지 기대해본다.

이 장과 관련된 ▶유튜브 영상 보기
https://youtu.be/vdqaOSZGnRQ

# 작은 뷔페, 큰 행복
– 소박한 식탁이 전해준 따뜻함

조용한 빌리지 안, 또 하나의 세계로 들어가는 문

### 골프코스에서의 여유, 그리고 뜻밖의 미식 경험

여행이 끝나갈수록 시간은 더욱 빨리 흐르는 것처럼 느껴진다. 귀국을 하루 앞둔 마지막 날, 남아 있는 하루를 어떻게 채울까 고민하다가 플로라빌 앤 골프 컨트리클럽(Floraville Golf & Country Club)에서의 라운드를 선택했다.

여행의 마지막 골프 라운드는 항상 특별하다. 이제 곧 익숙한 일상으로 돌아가야 한다는 아쉬움이 스며들기 때문이다. 플로라빌 골프클럽은 마을 단지 안에 위치한 18홀, 파72의 챔피언십 코스다. 이번에는 카트 없이 워킹 라운드를 선택할 수 있어 보다 저렴하게 이용할 수 있었다. 하지만 한편으로는 캐디들의 수고가 배가될 것을 생각하니 미안한 마음이 들었다.

태국에서는 대부분 카트를 이용하는 라운드가 일반적이기에 우리가 걸어서 라운드를 하겠다고 했을 때, 주변의 시선도 조금은 신기해하는 듯했다. 하지만 캐디들은 단 한 번도 불편한 기색을 보이지 않았다. 오히려 더 세심하게 챙겨주었고, 우리와 함께 웃으며 사진과 동영상까지 찍어주는 센스까지 발휘했다. 오랜 시간 함께해온 친한 형제나 오빠를 대하듯 정겨운 태도로 대해주는 모습이 인상적이었다.

### 플로라빌의 시그니처 홀, 그리고 또 하나의 추억

이곳의 시그니처 홀은 13번 홀, 파3. 그린을 둘러싼 워터 해저드가 특징으로, 정확한 샷이 요구되는 도전적인 코스였다. 나는 9번 아이언을 잡고 티 샷을 날렸다. 만약 온 그린이 성공했다면 버디 찬스를 잡을 수 있는 상황. 하지만 살짝 빗맞아 공이 그린 주변의 통나무 경계선에 놓여버렸다.

워킹 라운드의 미안함, 캐디의 환한 미소로 위로 받다

    애매한 위치였다. 그 순간, 캐디가 다가와 공을 들어 다른 곳으로 옮기려 했다. 아마도 플레이를 쉽게 하도록 도와주려는 의도였을 것이다. 나는 손짓을 하며 말했다.

    "그냥 두고, 동영상이나 하나 찍어줘."

    이왕이면 이 상황도 하나의 경험으로 남기고 싶었다. 나는 클럽을 짧게 잡고 정교한 샷으로 공을 그린에 올려놓았고, 투 퍼트로 마무리하며 보기로 홀 아웃했다. 그 순간이 담긴 영상은 이후 페이스북 릴스 영상으로 올리며 작은 추억으로 남겼다.

### 마지막 퍼팅, 그리고 찾아온 뿌듯함

    이렇게 캐디들과 농담을 주고받으며, 즐겁게 라운드를 이어가다 보니 어느새 마지막 홀이 다가왔다. 평소보다 더 신중하게 마지막 퍼팅을 마무리했다. 그리고 클럽을 정리하며 마음 한편에 작은 뿌듯함이 자리 잡았다. 마지막 라운드를 깔끔하게 마무리한 기분은 언제나 좋다.

하지만 동시에 한 가지 생각이 스쳐갔다.

"이제 태국에서의 골프도 한 번의 라운드만 남았구나."

조금만 더 머물고 싶다는 아쉬움을 뒤로 한 채, 우리는 클럽하우스를 나섰다. 이제 남은 것은 맛있는 점심이었다.

### 뜻밖의 발견, 태국의 가성비 좋은 뷔페

구글맵을 뒤적이며 적당한 식당을 찾던 중, 우리는 길가에 사람들이 길게 줄 서 있는 노점 식당을 발견했다.

"뭔가 특별한 곳일지도 몰라."

이끌리듯 우리는 발길을 돌려 줄 끝에 섰다. 태국에서는 이렇게 뜻밖의 일이 자연스럽게 생기곤 한다. 계획된 식사 대신, 현지의 분위기에 몸을 맡기는 것도 여행의 묘미다.

79바트(약 3,000원) 태국 뷔페. 가격을 보고 나도 모르게 의심이 들었다.

"너무 저렴한데, 괜찮을까?"

내 표정을 본 태국 친구가 웃으며 말했다.

"한 번 먹어보고 맛이 없으면 다른 곳으로 가면 되지."

### 선입견을 넘어선 맛, 그리고 따뜻한 한 끼

뷔페는 예상보다 훨씬 단출한 구성이었다. 하지만 음식 하나하나에서 정성이 느껴졌다. 커다란 솥에서 퍼주는 뜨끈한 쌀국수, 향긋한 소스가 곁들여진 돼지고기 덮밥, 신선한 야채 샐러드까지. 태국 친구도

가성비 끝판 왕! 79바트 태국 뷔페의 놀라운 퀄리티

감탄했다.

"이런 가성비는 처음 본다!"

우리는 선입견을 잠시 내려두고, 국물 한 숟갈을 떠보았다. 태국 특유의 향신료와 깊은 감칠맛이 입안 가득 퍼졌다. 익숙하지 않은 길거리 뷔페의 분위기에 처음에는 조금 어색했지만, 곧 따뜻한 국물과 정겨운 분위기에 적응해 갔다.

식당을 둘러보니, 주변 테이블에는 현지인들이 삼삼오오 모여 앉아 식사를 즐기고 있었다. 서로 이야기 나누고, 가끔은 큰 소리로 웃기도 하며, 지금 이 순간을 온전히 즐기고 있는 모습이었다. 이곳에서의 한 끼는 단순한 식사가 아니었다. 마지막 날을 마무리하는 뜻깊은 순간이 되어가고 있었다.

### 태국에서의 마지막 전날, 그리고 여행의 의미

이번 여행에서는 화려한 레스토랑도 가보고, 고급 골프코스 클럽하우스에서 식사를 한 적도 있었다. 하지만 태국에서의 마지막 점심은 소박한 천막 아래에서, 길거리 뷔페를 즐기며 따뜻한 국물을 나누는 순간으로 마무리되었다.

처음에는 낯설었지만, 그 순간이야말로 여행의 가장 따뜻한 기억이 될지도 모른다. 우리는 종종 여행에서 새로운 경험을 찾으려 한다. 하지만 때때로 예기치 않은 순간 속에서, 진정한 여행의 의미를 발견할 때도 있다.

그리고 그날의 가성비 좋은 뷔페에서, 나는 다시 한번 그 사실을 깨닫게 되었다. 여행은, 그리고 인생은, 언제나 뜻밖의 선물이 함께하는 것임을.

이 장과 관련된  영상 보기
https://youtu.be/DxrrLR1qzNM

# 발렌타인, 따뜻한 끝
– 15일 여정의 달콤한 마무리

방콕 근교 최고의 일출·일몰 명소, 탄야타니 골프코스

### 15일간의 골프 투어

아침마다 라운드를 나섰다. 푸른 잔디 위에서 친구들과 함께 웃으며 공을 쳤다. 때론 승부욕에 불타기도 했고, 때론 내기에서 아쉬움을 삼키기도 했지만, 그보다 더 많은 순간은 서로를 격려하고 추억을 쌓으며 보냈다. 이제 그 긴 여행도 마지막 날을 맞이했다.

아침 라운드를 마치고, 저녁 비행기로 귀국하는 날. 출국 전까지 남은 시간이 아쉬워, 첫날 라운드를 했던 탄야타니 골프코스(Tanyatanee Country Club)에서 마지막 라운드를 돌기로 했다. 이곳은 내게 익숙한 곳이다. 10년 전, 전지훈련을 위해 수없이 걸었던 27홀의 코스. 워킹이 가능하고, 레이아웃이 뛰어난 이곳은 방콕 근교 최고의 가성비 골프코스로도 손꼽힌다. 주중 그린피 650바트, 주말 1,600바트.

마지막 날, 골프채를 다시 손에 쥐고 티 그라운드에 서니 지나온 시간이 머릿속을 스쳐 지나갔다.

"정말 많은 순간이 있었다."

하지만 이날, 내게 또 다른 특별한 선물이 기다리고 있을 줄은 몰랐다.

### 뜻밖의 발렌타인 데이, 따뜻한 마음을 만나다

스타트 지점에서 티 오프를 기다리는데, 캐디 마스터가 다가와 내 가슴에 하트 모양의 스티커를 붙여주며 활짝 웃었다. 순간 당황했다.

"이게 무슨 의미지?"

궁금한 마음에 물어보니, 오늘이 바로 2월 14일, 발렌타인 데이. 그제야 웃음이 났다. "아, 그래서 하트 스티커를?" 캐디 마스터는 덧붙여 밸런타인 데이의 유래를 들려주었다. 황제의 허락 없이 사랑하는 사

골프코스에서 만난 따뜻한 순간, 발렌타인 데이의 특별한 선물

람들의 결혼을 도왔던 사제 발렌타인의 이야기. 그리고 그가 순교하면서도 사랑의 가치를 지켰다는 역사.

낯선 땅에서, 낯선 이에게서 들은 따뜻한 이야기. 그것만으로도 기분 좋은 선물이었는데, 그는 대나무 통 찰밥인 '카오 람'까지 건네주었다.

"이 달콤하고 쫀득한 맛처럼, 오늘의 라운드도 오래 기억에 남으시길 바랍니다."

그 한마디에 가슴이 따뜻해졌다. 정말 이 여행은 마지막 순간까지 뜻밖의 선물을 주고 있었다.

### 인생 샷, 마지막 날의 특별한 순간

탄야타니의 A코스 아일랜드 파3, 130미터 홀. 나는 8번 아이언을 선택했다. 거리가 살짝 부족할 수도 있다는 생각이 스쳤지만, 기록을 남기기 위해 캐디에게 동영상을 부탁했다. 그리고 티 샷.

"툭!"

공이 클럽 페이스에 맞는 순간, 골퍼들만이 아는 그 황홀한 느낌이 전해졌다. 힘을 들이지 않았는데도 공이 부드럽게 날아갔고, 내가 의도한 그대로 그린을 향해 곧장 향했다. 순간 탄성을 질렀다. 이런 샷은 홀인원 못지않게 나오기 어려운 샷. 145미터 정도 나간 듯했고, 마지막 날 이런 멋진 샷을 기록하게 된 것이 믿기지 않았다.

이 순간을 기록으로 남기고 싶어, 릴스 영상으로 편집해 SNS에 올렸다.

"이게 마지막 라운드의 선물인가."

그렇게 탄야타니에서의 마지막 홀까지 마무리했다.

탄야타니의 마지막 라운드, 인생 샷은 그렇게 찾아왔다

릴스로 보여준 인생 샷

### 친구와 나누는 또 하나의 약속

라운드를 마친 후, 함께한 장로 친구와 이 여행을 되돌아보았다. 15일간의 시간. 라운드 하나하나가 기억났고, 그 속에서 나눈 대화와 웃음도 떠올랐다. 친구는 말했다.

"다음에는 더 길게 떠나자." 나 역시 그 말에 고개를 끄덕였다.

"그래, 다음 번에는 더 오래, 더 멀리 가보자."

그렇게 우리는 또 하나의 약속을 남겼다.

### 진한 국물 한 모금, 그리고 마지막 인사

점심은 공군 골프코스 옆의 유명한 쌀국수집에서. 진한 국물 한 모금이 긴 여행의 피로를 씻어주는 듯했다. 그리고 저녁은 동네 식당에서 간단하게 마무리했다.

15일 동안 우리를 태워주며 함께해 준 태국 친구에게 감사 인사를 전했다. 하지만 감사하다는 말로만은 부족한 듯해 "언젠가 이 원수를 갚아야 하겠군." 하고 농담을 던졌다. 모두가 웃었다.

15일 동안 함께한 친구, 아쉬운 작별의 포옹

"다음 번에도 또 부탁해."

마지막까지 친구의 카니발을 타고 수완나폼 공항으로 향했다. 공항에서 태국 친구와 말없이 포옹으로 마지막 인사를 나눴다. 그리고 비행기는 천천히 이륙했다.

"정말 끝났구나."

### 여행의 끝, 그리고 새로운 시작

15일 후, 인천공항 도착. 길다면 길고, 짧다면 짧은 여행이었다. 한동안 이 골프 여행의 순간들이 머릿속을 맴돌 것 같았다. 공을 치며 함께 웃었던 순간들, 승부에 집착하다 가도 "이건 다 경험이야"라고 넘겼던 순간들, 그리고 마지막 날의 인생 샷과 따뜻한 밸런타인 데이의 선물.

그리고 무엇보다, 이 모든 순간을 함께 나눈 친구들과 응원해준 유튜브 구독자들, 그리고 73회 친구들. 이 꿈 같은 시간을 만들 수 있었던 건, 그 모든 사람들의 응원이 있었기 때문이었다. 고맙습니다. 진심을 담아, 머리 숙여 감사드립니다.

그리고, 이 여행이 끝난 자리에서 우리는 또 새로운 여행을 꿈꾼다.

이 장과 관련된 ▶유튜브 영상 보기
https://youtu.be/ft3l52zWNlM

제6장

가르치고 싶었던 꿈

– 한때는 멈췄지만, 사라지지 않았던 열망

# 첫 레슨, 불편한 진실
- 3개월 레슨의 충격적 결론

대학에서 골프 실기 레슨을 진행하며

### 새로운 시작, 골프 인생으로 펼치는 두 번째 인생

명예퇴직 후, 하고 싶었던 일 중 하나가 골프 레슨이었다. 오랜 기간 교육자로 살아온 나는 가르치는 일이 익숙했다. 대학 강단에서 학생들을 가르쳤던 것처럼, 골프도 내가 자신 있게 할 수 있는 일이라 믿었다. 마침, 지인의 부모님이 골프를 배우고 싶어 하셨다.

골프를 배우고 싶다는 그분들의 의지는 분명했고, 나는 흔쾌히 가르쳐 드리기로 했다.

"이게 나의 새로운 시작이 될 수도 있겠구나." 처음에는 무료로 해드릴 생각이었다. 하지만 곰곰이 생각해 보니, 오히려 레슨비를 지불하는 것이 배우는 사람 입장에서 더 집중력을 높일 수도 있었다.

실제로 돈을 내고 배우면 책임감도 커지고, 배우는 과정에 더 진지하게 몰입할 가능성이 높기 때문이다. 그래서 최소한의 레슨비를 받고 시작했다. 그렇게 내 두 번째 인생의 문이 열리고 있었다.

### 3개월간의 열정적인 레슨

나는 정말 열정을 다해 가르쳤다. 하루하루 연습장에서, 그리고 그분들의 집에서, 골프 스윙의 기본부터 몸의 움직임까지 하나하나 세심하게 지도했다. 단순한 기술 전달이 아니라, 그들이 골프를 '즐기면서 배울 수 있도록' 돕고 싶었다.

그리고 3개월 후, 우리는 첫 필드 라운드를 함께 나가기로 했다. 장소는 부여 백제 골프코스. 그동안 배운 것을 실전에서 적용해보는 날이었다. 나는 두 분을 필드로 모셨고, 그날의 라운드는 실력과 상관없이 충분히 의미 있는 시간이 될 거라 믿었다. 내가 가르친 대로만 한다면, 충분히 좋은 경험이 될 거라고 생각했다. 하지만 그 기대는 얼마 지나지 않아 산산이 부서졌다.

### "배운 게 없다"는 말, 그리고 깊은 고민

얼마 후, 나는 충격적인 이야기를 전해 들었다. '배운 게 없더라.' 직접 들은 말은 아니었지만, 그 한마디가 가슴을 깊숙이 후벼 팠다. 나는 한순간 얼어붙었다.

'배운 게 없다고…?', '내가 그렇게 열심히 가르쳤는데?', '대체 뭐가 문제였던 거지?'

20년 넘게 학생들을 가르쳐 왔다. 그동안 가르친 학생들은 성장했고, 나는 그 과정을 지켜보며 보람을 느껴왔다. 그런데 지금, 내가 정성을 다해 가르친 사람이 "아무것도 배우지 못했다"고 말하고 있다. 그 말은 마치 내 존재를 부정당한 것 같은 기분이었다. 교육자로서의 자부심이 무너지는 순간이었다.

나는 며칠 동안 깊은 고민에 빠졌다. 도대체 무엇이 문제였을까?

'레슨비 때문이었을까?', '내 가르치는 방식이 맞지 않았던 걸까?',

바다 끝자락, 누구의 발걸음도 머물지 않는 곳에서 고요히 외로움을 마주하다

'아니면, 내가 골프 실력이 부족해서 신뢰를 주지 못한 걸까?' 이런 생각들이 머릿속에서 떠나지 않았다. 밤에도 잠이 오지 않았다.

그렇게 며칠을 고민한 끝에, 나는 한 가지 결정을 내렸다. 받은 레슨비를 돌려주기로 했다. 직접 돌려주면 자존심 상할 수도 있을 것 같아 지인을 통해 자연스럽게 전달했다. 하지만 그것이 해결책은 아니었다. 문제는 돈이 아니라, 내가 가르친 방식과 그들이 원했던 '배움'이 달랐다는 사실이었다.

### 배움과 가르침의 차이를 깨닫다

며칠 동안 고민하면서, 나는 스스로에게 계속 질문을 던졌다. "나는 제대로 가르쳤던 걸까?", "내가 전달한 것과 그들이 기대한 것이 다르진 않았을까?" 돌이켜보니, 나는 내 방식대로 '가르치려는 데' 집중했지만, 그들이 원하는 것은 '배움이 아니라 즐거움'이었을 수도 있었다. 골프는 학문이 아니다. 점수를 매기는 시험도 없다. 배우는 사람마다 목적과 기대가 다를 수밖에 없다.

나는 '교육자'의 시선으로 가르쳤지만, 그분들은 '즐기는 골퍼'의 입장에서 배우고 있었던 것이다. 나는 그들의 입장에서 '배운다는 것'이 어떤 의미인지 깊이 생각해 보지 않았다. 그것이 가장 큰 실수였다.

이 경험을 통해 나는 깨달았다. "가르친다는 것은 단순한 기술의 전달이 아니다.", "배우는 사람이 원하는 것이 무엇인지 이해하는 것이 더 중요하다." 그리고 이 깨달음은 내가 앞으로 어떤 태도로 살아가야 할지를 다시 한 번 고민하게 만들었다.

이 경험은 단순한 '골프 레슨'의 실패가 아니었다. 가르침과 배움의 본질을 다시 돌아보게 만든, 아주 값진 교훈이었다.

# 나는 자격이 있는가
## - 골프 교습가로서의 진지한 성찰

### 가끔 스스로에게 묻는다

"나는 골프를 가르칠 자격이 있는가?"

처음 골프를 접한 것은 30대 초반이었다. 그저 흥미로 시작한 골프였지만, 어느새 내 삶의 일부가 되어 있었다. 특히 미국 유학 시절, 그때는 정말 열정적으로 골프를 했다. 미국의 넓은 필드를 누비며 수많은 라운드를 경험했고, 그 과정에서 단순한 취미를 넘어 골프의 원리를 깊이 이해하고자 노력했다.

그렇게 골프에 대한 관심과 애정이 커지면서, 나는 본격적으로 전문적인 교육을 받기로 결심했다. 미국에서 USGTF(미국골프교습가협회) 레슨 자격증을 취득했고, 한국으로 돌아온 후에는 골프 생활체육지도사 2급, 골프피팅자격증을 따며, 골프 교습가로서의 길을 다지기 시작했다.

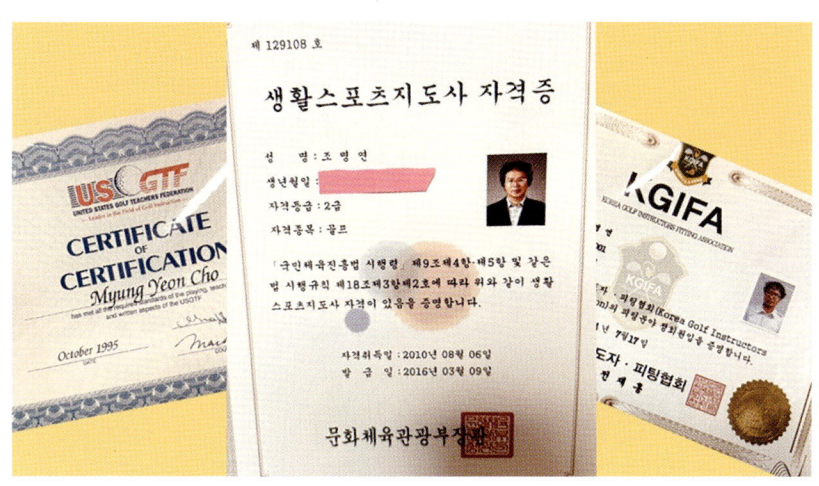

골프 교습가가 되기 위해 차곡차곡 쌓아온 자격증 준비

### 골프를 가르치는 길에 들어서다

골프를 배우는 것도 즐거웠지만, 가르치는 것은 또 다른 차원의 경험이었다. 나는 중국 남산대학교 골프학과에서 교환교수로 1년간 학생들에게 골프 실기를 지도했다. 학생들이 처음 골프채를 잡고, 하나하나 배워가는 과정을 함께하는 것은 무척 뿌듯한 일이었다.

또한 건양대학교에서는 정식으로 교양 과목으로 골프 강의를 맡았고, 평생교육원에서도 성인들을 대상으로 골프를 가르쳤다. 서울시 교육청에서는 골프 강사로 활동했으며, 골프 방과 후 교사로도 일하며 어린 학생들에게 골프의 즐거움을 전해주었다.

나는 단순히 골프를 '치는 법'만 가르친 것이 아니다. 그들이 골프를 통해 새로운 도전을 하고, 자신만의 목표를 찾아가는 과정을 돕는 것이 내 역할이라고 생각했다. 골프를 배우는 사람마다 목적이 다 다르다. 어떤 사람은 취미로, 어떤 사람은 경쟁을 위해, 또 어떤 사람은 골

대학에서 교양과목으로 골프 이론을 강의하며

프를 통해 사람들과 교류하기 위해 배우고 싶어 한다. 나는 이러한 다양한 목적을 이해하며, 각자의 목표에 맞춰 지도하려 노력했다.

### 골프, 단순한 스포츠가 아니다

골프를 단순한 스포츠로만 여겼다면, 나는 여기까지 오지 못했을 것이다. 나는 조세법을 전공해 대학에서 강의를 했지만, 틈틈이 골프 관련 자격증을 취득하고 강의를 하며 골프와의 인연을 놓지 않았다.

그뿐만이 아니다. 골프 교육뿐만 아니라, 골프 경기 운영과 규칙에 대한 전문성을 높이기 위해 골프 경기위원 최고 등급인 3급 자격증도 취득했다. 이 자격증은 골프 경기 운영의 최고 수준을 의미하는 것으로, 골프의 흐름과 규칙을 완벽히 이해해야만 얻을 수 있는 것이다. 나는 선수로서가 아니라, 골프 교육자이자 경기 전문가로서도 성장하고 싶었다.

### 골프 교습가로서의 길을 걸으며

이제 다시 질문해 본다. "나는 골프를 가르칠 자격이 있는가?"

30대 초반에 골프를 시작해, 미국에서 골프를 배우고, USGTF 레슨 자격을 취득하고, 골프 생활체육지도사 자격을 따고, 대학과 평생교육원, 방과 후 교육까지 다양한 환경에서 가르쳤으며, 골프 경기 운영의 최고 수준까지 공부한 내가, 골프를 가르칠 자격이 없다고 할 수 있을까?

나는 그동안 골프를 배우고, 가르치고, 연구하면서 골프가 단순한 스포츠가 아니라 삶의 한 부분이자, 배움의 과정이라는 것을 깨달았다. 골프는 단순한 스윙의 기술이 아니다. 골프를 배우면서 우리는 인내를 배우고, 자신을 조절하는 법을 익히며, 끊임없이 도전하고 성장하는 방법을 체득한다.

이제는 더 많은 사람들에게 골프를 가르치고 싶다. 내가 걸어온 길을 돌아보며, 확신을 갖고 말할 수 있다.

"나는, 골프를 가르칠 자격이 있다."

# 늦은 도전, 멈추지 않다
- 50대 후반의 KPGA 시니어 투어 도전

한국프로골프협회 스릭슨 투어 동반 선수들과 라운드를 마치고

### 교습 가의 자격에 대한 고민

첫 골프 레슨을 마친 후, 나는 깊은 고민에 빠졌다. 내가 최선을 다해 가르쳤다고 생각했지만, "배운 게 없다"는 피드백을 받으면서 내 자신을 돌아보게 되었다.

"나는 정말 골프를 가르칠 자격이 있는가?", "무엇이 부족했기에 그런 평가를 받았을까?"

솔직히 말하자면, 부족한 부분이 많았다. 특히, 나는 선수 생활을 해본 적이 없었다. 골프를 오래 해왔지만, 정식 시합에 나가본 경험이 거의 없었다. 그랬기 때문에 경기에서 느껴지는 긴장감과 압박을 몸소 체험해 본 적이 없었다.

그렇다면, 나는 이 부족한 부분을 어떻게 채울 수 있을까? 그 고민 끝에 나는 결심했다.

"직접 시합에 나가 보자."

### 50대 후반, 프로 투어에 도전하다

나의 목표는 명확했다. 시합을 뛰면서 골프에 대한 깊은 내공을 쌓고, 경기 경험을 몸으로 익히는 것. 그래서 선택한 무대는 한국프로골프협회(KPGA) 2부 투어, '스릭슨 투어'였다. 이곳은 10대 후반에서 20대 초반의 젊은 선수들이 프로 자격증을 따기 위해 치열하게 경쟁하는 곳이다.

하지만 그곳에 50대 후반의 내가 출전한다는 것이 신기하게 여겨졌을 것이다. 대회장에 도착하자, 선수들은 나를 신기한 듯 바라보았다. 나에게 그들은 어린 조카들 같은 존재였다. 심지어 경기위원들조차 의아한 눈초리로 나를 바라보며 특별히 주의를 주기 시작했다.

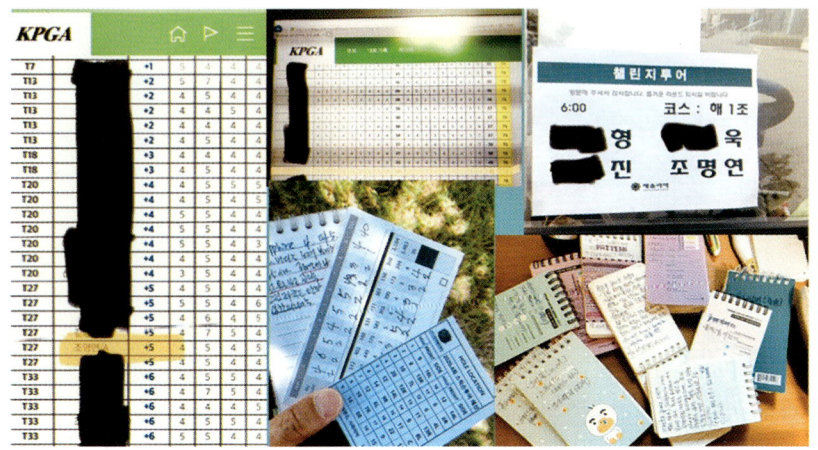

챌린지 투어 & 스릭슨 투어 준비, 코스 공략과 기록의 흔적

"9홀에서 10타 이상 치면, 다음 9홀은 칠 수 없습니다."

이 규정은 맞는 말이었지만, 나를 겨냥한 듯한 말에 부담감이 생기기도 했다.

그럼에도 나는 최대한 선수들에게 부담을 주지 않으려 애썼다. 주변의 시선과 텃세를 신경 쓰지 않으려 했고, 오직 나 자신의 플레이에 집중했다. 비거리에서는 확실히 밀렸다. 젊은 선수들처럼 강한 스윙을 할 수는 없었지만, 스코어는 예상보다 괜찮았다. 같은 조에서 2등, 3등을 하기도 했다. 물론, 예선을 통과한 적은 없었지만, 그것이 중요한 것은 아니었다. 나는 3년 동안 꾸준히 도전했다.

### KPGA 시니어 투어, 또 다른 도전

2부 투어뿐만 아니라 KPGA 시니어 투어에도 출전했다. 여기에서 또 다른 문제를 마주했다. 나이 때문이 아니라, '소속' 때문이다. 프로 선수들은 묵묵히 플레이했지만, 오히려 세미 프로들이 더 심한 텃세를 부렸다. 그들은 서로 형님, 동생이라 부르며 친밀하게 어울렸지만, 나 같은 '외부인'은 마치 투명인간처럼 대했다.

처음에는 어이가 없었다.

"시합이라는 게 실력으로 평가받아야 하는 것 아닌가?", "굳이 이렇게까지 텃세를 부릴 필요가 있을까?"

하지만 그들은 나를 무시하며 계속해서 텃세를 부렸다. 나는 묵묵히 플레이했고, 결국 이런 말을 들었다.

"억울하면 한국골프협회(KPGA) 정식 프로 자격증 따라"

그 말을 듣고 나는 피식 웃었다. 그들이 나를 무시하는 것에는 개의치 않았다. 나는 단 하나만 목표로 하고 있었다.

"좋은 골프 교습가가 되기 위해, 나는 이 모든 경험을 마다하지 않는다."

### 태국에서의 겨울, 젊은 선수들과의 훈련

또한, 나는 매년 겨울마다 한 달 이상 태국에서 전지훈련을 했다. 젊은 프로 지망생들과 함께 훈련하며 그들이 어떻게 연습하는지, 어떤 루틴으로 하루를 보내는지 직접 체험했다.

골프는 단순한 기술이 아니라, 멘탈과 습관이 중요한 스포츠다. 그 차이를 몸소 경험하기 위해 나는 마치 젊은 선수처럼 훈련에 임했다. 새벽부터 해질 때까지 훈련을 하고, 하루의 피로를 안고 숙소로 돌아가는 생활을 반복했다. 몸은 힘들었지만, 그 속에서 나는 골프를 더욱 깊이 이해할 수 있었다.

그렇게 3년을 보냈다. 그리고 나는 마침내 확신할 수 있었다.

"이제는 나도 골프 교습가로서 자신이 있다."

### 도전이 만들어준 자신감

나는 선수로서의 길을 걸은 것이 아니다. 투어에서 성공을 거둔 것도 아니다. 하지만, 골프를 가르치는 사람으로서 누구보다 많은 것을 경험했고, 누구보다 진심으로 골프를 배우고자 했다.

골프 레슨에서 받은 충격, 2부 투어에서의 도전, 시니어 투어에서의 텃세, 그리고 태국에서의 전지훈련까지. 이 모든 경험이 나를 만들어 주었다. 그리고 이제는 확신할 수 있다.

"나는 좋은 골프 교습가가 될 자격이 있다."

어떤 경험도 헛된 것이 없었다. 그 모든 과정이 나를 지금의 나로 성장시켜 주었다. 이제, 나는 내 경험을 바탕으로 더 많은 사람들에게 골프의 즐거움을 전하고 싶다.

# 심판이 된 나
### - 경기위원으로 마주한 현실적 고민

경기위원 레벨 3 현장실습에서 R&A 디렉터 손 멕레와 함께

### 골프를 하면서 자연스럽게 경기 운영에 관심이 생겼다

골프를 하면서 자연스럽게 경기 운영에 대한 관심이 생겼다. 그러던 중, 골프 경기위원 자격증이 있다는 사실을 알게 되었다. 경기위원은 필드에서 경기 운영을 담당하고, 선수들이 규칙을 어길 경우 이를 판단하는 역할을 한다. 골프에서는 이런 판정을 '재정裁定'이라고 한다.

과거에는 골프 규칙이 지금보다 훨씬 까다로웠다. 그래서 선수들도 경기 중에 직접 골프 규칙을 공부해야 했다. 하지만 모든 선수가 규칙을 완벽하게 숙지할 수는 없으니, 경기위원이 규칙을 명확하게 해석하고 재정을 내려야 한다.

나는 곰곰이 생각했다. "이 일은 법과 밀접하게 연결되어 있지 않은가?" 대학에서 법을 가르쳤던 나에게는 오히려 법조문을 다루는 것처럼 논리적으로 접근할 수 있는 분야였다.

"이거라면 내가 흥미를 갖고 재미있게 할 수 있겠다."

그렇게, 나는 골프 경기위원이 되기로 결심했다.

어렵게 어렵게 도전하여 마침내 골프경기위원 레벨 3까지!

### 골프 경기위원 자격증, 치열한 도전

골프 경기위원 자격증은 1급, 2급, 3급으로 나뉜다. 단순히 필기시험 성적이 좋다고 해서 합격할 수 있는 것이 아니었다. 상대평가 방식이었기 때문에, 응시하는 사람들의 점수에 따라 결과가 좌우되었다.

같은 시험을 치른 사람들 중에서 한 문제만 더 맞혀도 상급 자격증을 받을 수 있었고, 반대로 한 문제만 틀려도 떨어질 수 있었다. 나는 가까스로 2급 시험을 통과했다. 이제, 3급 시험을 응시할 자격을 얻게 되었다.

3급 시험은 더 까다로웠다. 영국에서 직접 시험 감독관이 나와 평가를 진행했다. 엄격한 기준이 적용되는 시험이었지만, 나는 준비한 만큼 자신 있었다.

그리고 결국 합격. 이제 나는 정식으로 3급 골프 경기위원이 되었다.

### 한국프로골프협회(KPGA) 경기위원 지원, 그리고 낙방

경기위원이 되려면 실무 경험도 중요했다. 그래서 나는 여러 대회에서 실전 경험을 쌓았다. 그러던 중, 한국프로골프협회(KPGA)에서 경기위원을 공모한다는 소식을 접했다. 나는 자신 있게 지원서를 제출했고, 서류 전형을 통과하여 면접까지 올라갔다.

면접장에는 나를 포함해 세 명의 지원자가 있었다. 면접관도 세 명이었다. 그리고 면접이 시작되자, 놀랍게도 나를 제외한 다른 두 명의 지원자는 면접관이 던지는 질문에 한마디도 답을 하지 못했다.

그때, 한 면접관이 내게 물었다.

"당신이 대신 대답을 해보세요." 나는 침착하게, 논리적으로 답변했다. 골프 규칙과 경기 운영에 대해 자신 있는 분야였으니 어렵지 않게 답할 수 있었다.

그러자 면접관은 "훌륭한 분이 오셨다"며 나를 칭찬했다. 나는 합격을 확신했다. 그러나 결과는 낙방. 나와 함께 면접을 본 두 사람은 합격했고, 나는 떨어졌다.

어딘가 이상했다. 나는 KPGA에 이의를 제기했다. 면접 점수를 정보공개 요청했고, 6개월 후에야 답변을 받을 수 있었다. 그 답변을 보고 나는 말문이 막혔다. 면접 점수 30점 만점에, 나는 5점을 받았다. 나머지 지원자의 점수는 공개할 수 없다고 했지만, 누가 보아도 공정하지 않은 결과였다.

"이게 현실인가?", "경기 위원이란 아주 공정하고 합리적인 사람이 되어야 하는데, 그런 조직에서조차 이런 식으로 사람을 뽑는다는 말인가?" 나는 이해할 수 없었고, 그 곳에서의 기회는 더 이상 의미가 없다고 느꼈다.

경기위원 제복을 입으면 한층 더 권위가 느껴진다

### 현실과 이상: 경기위원의 실제 업무

비록 KPGA 경기위원이 되는 길은 막혔지만, 나는 경기도골프협회와 인천골프협회에서 경기위원으로 3년간 활동했다. 솔직히 말하자면, 처음에는 경기위원의 역할이 필드에서 선수들의 룰 문제를 해결하고, 공정한 경기를 운영하는 우아한 직업일 줄 알았다. 하지만 현실은 달랐다.

대회 전날이면, 모든 홀의 오비(OB) 라인을 긋고, 수리지 표지판을 세우고, 벙커를 정리하는 작업부터 시작했다. 홀 컵 자리와 티 마크 위치를 조정하는 것도 경기위원의 몫이었다. 새벽 3시에 미팅을 하고, 라이트를 들고 홀 컵이 정확한 위치에 만들어졌는지 확인하는 것도 일이었다.

경기가 시작되면, 선수들이 신속하게 플레이하도록 유도해야 했다. 플레이 속도가 늦으면 경고를 주고, 심하면 카트를 타고 이동시켜야 했다. '재정裁定'을 내릴 기회는 하루에 한 번 있을까 말까 했다. 그나마도 대부분은 복잡한 규칙이 아니라 아마추어 수준의 기본적인 판정이었다.

그래도 나는 이 일이 의미 있다고 생각했다.

"어린 선수들이 앞으로 더 성장할 수 있도록 돕는 것도 경기위원의 역할이다."

그렇게, 경기위원으로서 3년을 보냈다.

### 결정적인 계기, 경기위원을 떠나다

그러던 어느 날, 한 초등학생 골프 대회에서 벌어진 일이 결정적인 계기가 되었다. 경기가 지연되면서, 아이들은 마지막 한 홀을 남기고 카트에서 대기하는 시간이 길어지고 있었다.

나는 그 모습이 귀여워 보여 "같이 사진을 찍자"며 아이들도 기분 좋게 포즈를 취하고 찍었다. 하지만 시합이 끝난 후, 그 사진이 뜻하지 않은 문제로 번졌다. 사진 속 아이의 부모가 대회 본부에 항의한 것이다.

"우리 아이가 오늘 제대로 못 친 이유는 경기위원이 사진을 찍어서 집중을 방해했기 때문이다."

나는 충격을 받았다. 그저 밝은 분위기 속에서 찍은 사진이, 이렇게 문제가 될 줄은 상상도 못했다. "이 일이 정말 문제일까?", "내가 경기위원으로 계속 일할 수 있을까?" 그날, 나는 경기위원이라는 직업에 대한 깊은 회의를 느꼈다. 그리고, 결국 그만두기로 결심했다.

골프 꿈나무들을 돕는다는 마음에 흐뭇했던 순간, 본문 내용과 관련 없음

### 떠나면서 얻은 교훈

경기위원이 되기 위해 많은 노력을 했다. 규칙을 배우고, 시험을 통과하고, 실무 경험을 쌓으며 필드에서 선수들을 지도하고 관리했다. 하지만 현실은 이상과 달랐다. 경기위원의 역할은 내가 생각했던 것과는 너무나 달랐다. 공정성과 합리성을 강조해야 할 조직에서도, 비합리적인 일들은 여전히 존재했다.

그래도, 나는 후회하지 않는다. 경기위원으로서의 경험은 내 골프 인생에서 또 하나의 소중한 배움이 되었다. 나는 더 이상 경기위원이 아니지만, 이제는 더 나은 골프 교습가가 되기 위해 이 경험을 활용할 것이다. 공정한 경기 운영이 무엇인지, 선수들에게 필요한 것이 무엇인지, 필드에서 어떻게 대처해야 하는지를 몸소 배운 시간이었다.

그리고 나는 이제 진짜 내가 하고 싶은 일을 향해 나아간다.

이 장과 관련된 ▶유튜브 영상 보기
https://youtu.be/wn7Tk5DWzkc

# 꿈을 묻다, 다시 꺼내다
### - 완벽한 무응답 속에서도 이어간 도전

모든 준비가 끝난 그곳엔, 바람만 머물렀다

### 이제는 정말 충분하다고 생각했다

골프를 배우고, 연구하고, 가르칠 준비를 해왔다. 경기위원으로서, 골프 교습가로서도 다양한 경험을 쌓았고, 이제 어느 곳에서는 자신 있게 레슨 할 수 있을 거라 믿었다.

그래서 본격적으로 골프 레슨을 할 곳을 찾아 나섰다. 레슨 프로 사이트에서 나이 제한이 없다고 표시된 곳들을 찾아 이메일을 보냈다. 요즘은 자기소개서를 요구하지 않는 곳도 많았지만, 나는 정성껏 자기소개서를 작성해 50~60곳에 이메일을 보냈다.

### 완벽한 무응답, 그리고 한 통의 전화

그런데, 어디에서도 연락이 오지 않았다. 이메일을 확인했다는 답장조차 없었다. 기다리면 연락이 올 줄 알았는데, 현실은 너무도 냉정했다.

"내 경력과 경험이 부족해서일까?", "이력서에서 뭔가 실수를 한 걸까?" 하지만 이유는 다른 곳에 있었다. 어느 날, 갑자기 전화 한 통이 걸려왔다.

"혹시 면접 보실 수 있을까요?" 너무 반가웠다. 이렇게 연락이 온 것만으로도 희망이 보였다. 나는 망설일 틈도 없이 달려갔다.

### 면접 자리에서 한참 이야기를 나누고…

내 경험과 경력에 대해 설명했다. 하지만 면접관의 표정이 점점 어두워졌다. 그리고 조심스럽게 말을 꺼냈다.

"이렇게 나이가 많으신 줄 몰랐습니다."

그 말이 끝나자, 순간적으로 분위기가 얼어붙었다.

그 님은 건너가고, 나는 이쪽에 남았다

"아, 결국 나이 때문이구나." 나의 실력과 경력이 문제가 아니라, 단순히 '나이' 때문이었다. 골프를 위해 오랜 시간과 노력을 투자해왔지만, 이 현실 앞에서 나는 크게 실망했다.

### 골프가 나를 배신한 것만 같았다

"나는 골프를 너무나 사랑하는데, 골프는 나를 이렇게 무참히 배신하는 걸까?" 골프 발전을 위해 헌신하고 싶었고, 그 열정으로 많은 시간과 돈을 투자했다. 하지만 현실은 냉혹했다. 그래도 포기할 수 없었다.

"돈을 받지 않아도 좋다.", "재능 기부라도 할 수 있을까?" 그래서 몇 군데를 직접 찾아가 골프 레슨을 무료라도 하겠다고 제안했다. 처음에는 긍정적으로 받아들이는 듯했다.

"좋은 기회일 수도 있겠네요!", "경험이 많으시니 도움이 될 것 같아요."

하지만 시간이 지나면서 그들의 반응은 변했다. 결국, 하나같이 "필요 없다"는 답변을 받았다.

### 여기서 꿈을 접어야 하나…

"이제 여기서 그만둬야 할까?" 골프 레슨을 통해 사람들에게 도움을 주고 싶었지만, 이제는 더 이상 길이 보이지 않았다. 그렇다면, 다른 길을 찾아야 할까?

그때 한 가지 아이디어가 떠올랐다. "해외 골프 투어를 원하는 사람들을 가이드해보면 어떨까?", "조교수와 함께 떠나는 해외 골프 여행." 이런 제목으로 새로운 도전을 해볼 수도 있지 않을까?

이런 고민을 하고 있는 지금, 나는 독자들에게 묻고 싶다.

"이럴 때, 여러분이라면 어떻게 하시겠습니까?"

## 제7장
## 기록이 된 도전들
– 흔적은 사라지지 않고 이야기가 되었다

# 중국에서 피어난 열정
– 안식년을 통해 만난 제자들

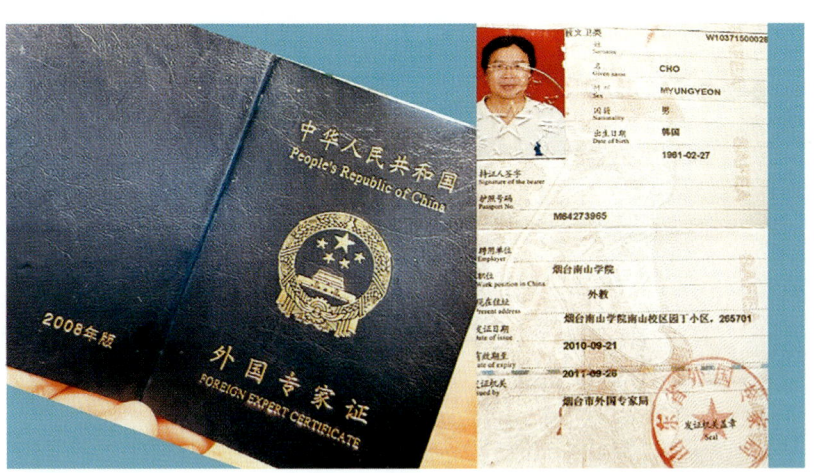

대한민국 최초 골프 외국인 전문가 비자 취득!

### 안식년을 중국으로

오랜 시간 강단에서 학생들을 가르쳐온 나는, 1년간의 안식년을 맞이하며 새로운 도전을 고민하고 있었다. 단순한 휴식이 아니라, 의미 있는 시간을 보내고 싶었다.

미국에서 유학 생활을 5년간 했기에, 이번에는 미국을 제외한 다른 나라를 고려해 보았다.

"G1이 미국이라면, G2는 어디인가?" 자연스럽게 중국이 떠올랐다. 세계 경제 2위 국가이자 빠르게 성장하는 나라, 그리고 내가 몇 년 전부터 배우고 있던 언어. 그렇게 중국으로의 길을 결정했다.

### 골프 연구를 위한 새로운 도전

안식년 동안 꼭 해보고 싶었던 것이 있었다. 마음껏 골프 라운드를

중국 남산대학교 골프학과 학생들과 라운드 전 한 컷

실습 교육 전에 30분간 스트레칭으로 몸 풀기

하는 것이었다.

중국의 대학들을 검색하던 중, 산둥성에 위치한 남산대학교 골프학과가 눈에 들어왔다. 골프학과가 개설된 지 1년밖에 되지 않은 신생 학과였다.

혹시나 하는 마음에, 나의 이력서를 첨부해 골프 연구를 위한 교환교수 초청이 가능하냐는 이메일을 보냈다. 솔직히 큰 기대는 하지 않았다. 하지만 뜻밖에도 연락이 왔다. 전화기 너머로 들려온 목소리는 우리말로. 남산대학교 골프학과 조선족 원장, 김영준 교수였다. 그렇게 이야기는 급속도로 진행되었다.

### 중국에서의 새로운 교육 경험

김 원장은 직접 1~2학년 학생 60여 명을 가르치는 조건을 제안했다. 처음에는 난감했다.

"중국어 실력도 부족한데, 수업을 할 수 있을까?" 하지만 실기 수업이라면 가능할 것 같았다. 이건 도전해볼 가치가 있었다.

결국 나는 서류를 준비하고, 정식 비자와 전문가증을 받았다. 학교에서는 집과 생활비, 그리고 현지 월급의 5배에 해당하는 급여를 제공했다. 이런 행운이 나에게 찾아올 줄이야. 그렇게 나는 중국으로 향했다. 중국정부로부터 골프 전문가증 비자를 발급은 한국인 최초라는 김원장의 이야기를 들었다.

명절이면 양복과 선물들을 받으며 따뜻한 환대를 받았고, 남산대학교의 270홀 규모의 골프코스에서 마음껏 라운드와 필드 레슨을 할 수 있었다.

### 제자들의 성장, 그리고 남겨진 인연

중국에서 가르쳤던 제자들은 지금 레슨 프로와 투어 선수로 활동하고 있다. 특히 투어 프로 지양용 선수는 상하이에서 높은 레슨비를 받

중국 제자의 초청으로 진행한 특별 강연 후 학생들과 함께

으며 몸값을 올리고 있다. 중국인 제자 장지엔위 프로는 현재 학교에서 학생들을 가르치고 있으며, 그의 초청으로 중국에 다시 방문해 특강과 실기 레슨을 진행한 적도 있었다.

내가 가르친 학생만 60여 명. 이들은 지금 어디에서 무엇을 하고 있을까? 지금도 몇몇 제자들과는 위챗(WeChat)으로 근황을 나누고 있다. 하지만, 모두가 어떻게 지내는지는 알지 못한다.

몇 년 전, 중국에서 함께 일하자는 제안이 들어왔다. 고민을 하고 있던 찰나, 코로나19 팬데믹이 터졌고, 결국 문은 닫히고 말았다. 그렇게, 다시 중국으로 돌아갈 길은 멀어졌다.

### 언젠가 다시 만날 날을 꿈꾸며

나는 지금도 가끔 생각한다.

"언젠가 다시 그들을 만날 수 있을까?"

그들이 어떻게 성장했고, 어떤 길을 걷고 있는지 직접 보고 싶다.

골프를 통해 맺어진 인연은 쉽게 사라지지 않는다. 비록 물리적인 거리가 멀어졌지만, 내 마음속에는 여전히 그들과 함께했던 시간들이 선명하게 남아 있다. 언젠가 다시 중국으로 돌아가, 그들과 함께 필드에 설 날을 기대하며.

# 골프, 그리고 1973년의 우정
## - 반세기 이어진 73회 골프 모임

대학을 떠나, 골프 교습가로 새 출발하다

### 새로운 모임과 낯선 감정

은퇴 후 시간이 많아지면서 다양한 모임에 가입하고, 대학 근무 시절부터 참여했던 학회에도 다시 나가 보았다. 그러나 어딘가 이질감이 느껴졌고, 기존 모임에서도 편안함을 찾지 못했다. 아마도 내 스스로 자격지심이 있었던 것 같다. '왜 오셨나?'하는 느낌을 떨칠 수 없었다. 결국, 하나둘씩 모임에 나가지 않게 되었고, 아무도 내게 왜 나오지 않냐고 묻지 않았다. 아, 이게 현실이구나 하는 생각이 들었다.

### 중학교 골프 모임과의 인연

그럼에도 불구하고 하나의 모임은 남아 있었다. 바로 중학교 골프 모임이다. 이 모임은 오래 전에 결성되었지만, 정기적인 만남은 없었고, 분기에 한 번 정도 라운드를 함께하는 정도였다. 그런데 이상하게도 이 모임만큼은 '나오지 말라고 해도 나갈 판'이었다. 이 모임이라면 오래도록 함께할 가능성이 있다는 확신이 들었고, 이를 더욱 활성화할 방법을 고민하기 시작했다.

이 장과 관련된 ▶유튜브 영상 보기
https://youtu.be/0tlVqyu3Rfg

### 모임 활성화를 위한 특별한 계기

마침 명예퇴직을 하면서 "교수에서 골프 교습가로 전향한다"는 사실을 친구들에게 알리고 싶었다. 고민 끝에, 골프 라운드 후 저녁 식사 자리에서 이를 알리기로 결심했다. 2020년 6월 28일, 고향 부여

롯데리조트 골프코스에서 친구들을 초대하여 라운드를 마친 후 맛있는 저녁을 함께했다. 그 자리에서 나는 골프 교습가로서의 새로운 출발을 알렸다.

친구들은 즐거운 시간을 보낸 후 한 친구가 말했다.

"다음 달은 내가 호스트를 맡겠다." 그렇게 돌아가면서 호스트 역할을 하기로 했고, 우리는 매월 만남을 이어 가기로 했다.

### 1973년의 인연, 그리고 73회 골프회의 탄생

우리의 인연은 1973년, 중학교 입학과 함께 시작되었다. 그 의미를 담아, 우리는 모임의 이름을 '73회 골프회'로 정하고, 부제로 "걸을 수 있을 때까지"라는 다짐을 더했다. 그렇게 우리는 매월 정기적인 라운드를 시작했다. 단순한 친목 모임을 넘어, 평생 함께할 골프회를 만들어 가기로 한 것이다.

세월이 흘러도 변하지 않는 우정의 이름으로

### 우리를 하나로 이어주는 전통

모임이 끝날 때마다 우리는 한 가지 특별한 전통을 만들었다. 야외에 나가 원을 만들고 서로 손을 맞잡고 '고향의 봄'을 목청 높여 부르며 행사를 마무리하는 것이었다. 이 노래를 부를 때마다 우리는 과거의 추억과 현재의 행복을 동시에 느낄 수 있었다. 시간이 지나도 변하지 않는 우정. 함께 걸으며 함께 웃는 우리의 길. 우리는 이제 "걸을 수 있을 때까지" 이 전통을 이어 가기로 다짐했다.

### 특별한 순간을 함께하는 친구들

이 모임은 골프뿐만 아니라 서로의 인생에서 중요한 순간을 함께하는 특별한 모임으로 발전했다. 지난해 내 딸 결혼식에서는 친구들이 모여 축가를 불렀고, 올해 또 다른 친구의 딸 결혼식에서는 더욱 감동적인 축가를 선사했다. 또한, 우리는 15일간 태국 골프 투어를 함께 다녀오며 더 끈끈한 우정을 쌓았다. 이렇게 우리는 골프를 넘어서, 삶을 함께하는 동반자로 성장해 가고 있다.

릴스로 보여주는 73회 합창단

### 앞으로의 다짐

이제 우리는 단순히 골프를 함께하는 것이 아니라, 서로의 삶을 공유하며 더욱 깊은 유대감을 쌓아가고 있다. 앞으로도 건강이 허락하는 한, 우리는 매달 골프를 함께하고, 인생의 중요한 순간을 함께하며, 지속적으로 모임을 활성화해 나갈 것이다. '73회 골프회'가 오래

SBS골프방송에서 삼대인 골프단장으로 인터뷰하는 장면

도록 유지될 수 있도록, 우리는 이 모임을 소중히 가꿔 나갈 것이다.

### 삼대인 골프단장으로의 경험

은퇴 후, 나는 ㈜삼대인의 골프단장을 3년 동안 맡은 경험이 있다. 삼대인은 한국여자프로골프협회(KLPGA) 3부 투어인 '삼대인 점프투어'를 공식 후원하며, 신예 선수들의 성장을 지원해왔다. 점프투어는 아마추어 선수들이 프로 무대로 입문하는 첫 번째 단계로, 10대 후반에서 20대 초반의 선수들이 주로 출전한다. 골프에서 국가대표 경력을 보유한 선수라도 점프투어를 거쳐야만 KLPGA 정회원으로 활동할 수 있다.

점프투어는 단순히 등용문이 아니라, 실력 있는 선수들조차 치열한 경쟁을 거쳐야 하는 중요한 무대다. 대회 수준은 매우 높으며, 본선에

진출하려면 언더파 스코어가 필수적이다. 특히 우승을 차지하려면 이틀 동안 두 자릿수 언더파를 기록해야 하는 경우가 대부분이다. 이는 점프투어가 단순히 프로 입문의 과정이 아니라, 이미 상당한 기량을 갖춘 선수들 간의 치열한 승부임을 보여준다.

### 시상식과 선수들에게 전한 메시지

삼대인 골프단장으로서 여러 차례 점프투어 시상식에 참석했다. 시상식에서는 우승자들에게 축하 인사를 전하며, 앞으로 프로 골퍼로서 성공하기 위해 필요한 태도에 대해 조언했다. 내가 항상 강조한 두 가지가 있다. 첫째, 훌륭한 선수가 되기 위해서는 겸손함을 잃지 말고, 둘째, 훈련을 즐길 수 있는 선수가 되어야 한다는 점이다.

시상식 후에는 선수들과 함께 티타임을 가지며 그들의 이야기를 들을 기회도 많았다. 그들 중 상당수는 기본기 훈련과 기초 체력 단련에 많은 비중을 두었다고 했다. 골프에서 기본기가 얼마나 중요한지를 몸소 경험했기 때문이다. 또한, 많은 선수들이 경제적 어려움을 겪으면서도 주위의 도움을 받아 여기까지 왔다고 했다. 프로 선수로 성장하기까지 선수 개개인의 노력 외에도 부모님, 코치, 후원자들의 지원이 얼마나 중요한지를 다시 한번 실감할 수 있었다.

### 골프계와의 인연, 그리고 점프투어 출신 선수들의 활약

삼대인 골프단장으로 활동하면서 유명 프로 선수들과도 친분을 쌓게 되었고, 골프협회 관계자들과도 인연을 이어가게 되었다. 이를 통해 골프계가 어떻게 운영되고, 선수들이 어떤 과정을 거쳐 성장하는지 가까이에서 지켜볼 수 있었다. 점프투어를 거쳐 현재 KLPGA에서

삼대인 점프투어를 통해서 배출한 한국여자골프프로 선수들…

활약 중인 지한솔, 최예림, 송가은, 이재윤 프로와, 미국여자프로골프협회(LPGA)에서 활동하는 윤이나, 박금강, 성유진 선수들이 있다. 이들은 모두 점프투어를 통해 경쟁을 거쳐 프로의 길을 걷게 된 선수들로, 각자의 무대에서 좋은 성과를 내고 있다. 나는 73회 골프회와 삼대인 점프투어를 통해 계속해서 새로운 도전을 이어가고 있다. 인생은 결국 함께하는 사람들과 만들어가는 여정이다. 앞으로도 이 소중한 인연들을 지켜 나가며, 내 길을 계속 걸어갈 것이다.

이 장과 관련된 유튜브 영상 보기
https://youtu.be/JppSjshrIQs

# 멈추지 않는 발걸음
– 코로나 속에서도 지켜낸 태국 골프 여정

**50대 후반의 나이에 젊은 선수들과 함께**

해외 전지훈련을 떠나는 것은 아마추어 골퍼로서 오랜 꿈이었다. 코로나 이전에는 중국 하이난과 선전으로 향했지만, 팬데믹으로 인해 2년간 겨울마다 한국에 머물러야 했다. 그동안 골프의 열정을 계속 이어가면서도, 해외 훈련은 이루어지지 않아 아쉬움이 컸다.

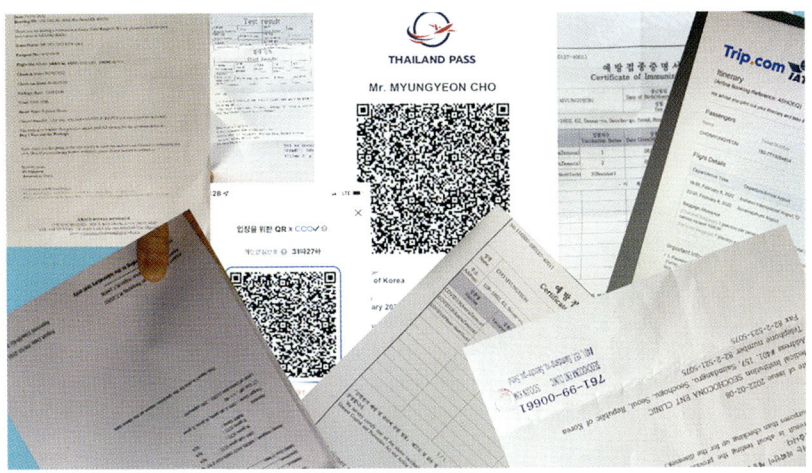

코로나의 벽을 넘다 — 12번의 검사를 지나 태국으로

### 코로나 시국, 태국으로의 도전

　더 이상 기다릴 수 없었던 나는 2022년 2월 10일, 코로나로 엄중한 시기에도 불구하고 태국으로 전지훈련을 떠났다. 친구가 공항까지 배웅해주었고, 공항과 도로는 한산했다. 마치 나를 위한 길이 열려 있는 듯한 느낌을 받았다. 80년대의 공항 풍경처럼 출국자는 적었지만, 배웅하는 사람들은 많았다.

　이 결정은 용기가 필요했다. 방콕의 람룩카 골프코스로 향하는 여정은 쉽지 않았다. 타일랜드 패스, 보험 가입, 영문 코로나 검사결과서 등 준비해야 할 서류가 많았고, 왕복 12번의 코로나 검사 후 결과가 나올 때까지 대기해야 했다. 태국에 도착한 후에도 즉시 목적지로 이동할 수 없었고, 코로나 검사를 받은 후 결과가 나올 때까지 지정된 장소에서 하루를 대기해야 했다. 또한, 목적지에 도착한 후 일주일 내에 추가 검사를 받아야 했고, 중간에 검사 결과를 제출해야 했다.

태국 전지훈련, 우연처럼 찾아온 특별한 만남

    내가 머문 콘도는 평소 140명이 이용하던 곳이었지만, 당시에는 10명 미만의 손님만 있었다. 골프코스도 하루에 수십 명의 사람만 이용하고 있었고, 귀국할 때도 여러 번의 검사를 거쳐야 했다. 이렇게 코로나 시기에 처음으로 태국에서 전지훈련을 시작하게 되었다.

### 태국, 골프 천국을 발견하다

    코로나 특수로 한국에서는 야외 운동인 골프에 사람들이 몰리기 시작했지만, 태국은 외국인 입국이 어려워 골프를 즐기는 사람이 거의 없었다. 오랜만에 찾은 태국은 골프를 즐기기에 최적의 조건을 갖추고 있었다.

많은 사람들이 태국의 무더위를 걱정하지만, 한국의 습한 더위와 달리 태국은 건조한 더위로 그늘에만 들어가면 크게 덥지 않았다. 바람이 불면 매우 쾌적한 환경이었고, 한국에서 여름에 태국으로 피서를 간다는 말을 이제 이해할 수 있었다.

골프 관련 비용의 가성비도 한국에 비해 매우 좋았다. 다양한 과일과 채소 등을 저렴한 가격에 구입할 수 있었고, 3년 동안 여름과 겨울에 두 번씩 태국 골프 투어를 진행했다. 주로 혼자서 카트 없이 라운드를 하며 하루에 54홀을 돌았고, 네 번의 72홀 라운드를 기록했다. 한국에서는 불가능한 이러한 많은 라운드가 태국에서는 가능했다.

이러한 경험은 코로나 시국에도 불구하고 골프에 대한 열정과 도전을 멈추지 않았던 나 자신에게 큰 의미가 있었다. 태국에서의 골프 여정은 단순히 연습을 넘어서, 열정과 도전을 지속하며 자신감을 찾는 기회가 되었다. 앞으로도 이러한 열정을 이어 나가며, 새로운 도전을 계속해 나갈 것이다.

# 하루 72홀의 기록
## - 나이를 잊은 체력과 정신력의 비결

네 번, 72홀 완주! 감동의 순간을 유투브 영상 썸네일 장면

### 72홀 도전의 시작

태국에서 혼자 라운드를 하게 되면서 자연스럽게 72홀 도전에 도달하게 되었다. 처음에는 18홀을 돌고도 시간이 남아 36홀을 도전했으며, 점차 45홀, 54홀까지 확대되었고, 결국 72홀까지 가능할 것이라는 확신이 들었다. 그리고 2023년 2월 15일, 첫 번째 72홀 도전에 나섰다.

이 장과 관련된  영상 보기

202302214(첫번째 72홀)
https://youtu.be/fstsgJm5BYM

20240118(두번째 72홀)
https://youtu.be/9rHTywue1vY

2024년 6월 6일(세번째 72홀)
https://youtu.be/8H31Av5tzgQ

20240610(네번째 72홀)
https://youtu.be/hnuf_uIVVx8

### 끝없는 도전, 72홀 그리고 999홀의 기록

처음 72홀 도전에 나섰던 날의 기억은 여전히 생생하다. 그날의 캐디는 에이임(AEM)이었고, 다행히 골프코스를 찾은 손님이 많지 않아

라운드가 원활하게 진행되었다. 애초에 72홀을 돌 계획은 없었지만, 18홀을 마친 후 골프코스의 분위기와 흐름을 보니 충분히 가능할 것 같았고, 즉흥적으로 도전을 결심했다.

36홀을 마친 후, 클럽하우스에서 간단히 카우 팟(볶음밥)으로 점심을 해결하고 다시 클럽을 들었다. 오후 1시, 태국의 무더운 날씨가 계속되었지만 나는 더위를 그게 타지 않는 편이라 큰 어려움 없이 3라운드째를 시작할 수 있었다. 하지만 캐디는 점점 지쳐갔다. 54홀까지는 비교적 무난했지만, 60홀을 넘어서면서부터는 몸이 마치 자동으로 움직이는 듯한 기분이 들었고, 샷이 흔들리기 시작했다. 집중력을 잃는 순간, 공이 어이없이 해저드로 빠지기도 했다.

캐디의 체력이 한계에 다다르자, 54홀 이후부터는 카트를 사용하기로 했다. 하지만 나는 끝까지 워킹을 유지하며 도전을 이어갔다. 지칠 법도 했지만, 나 스스로의 한계를 시험해 보고 싶었다. 다시 마음을 다잡고 집중하자, 샷이 살아났고, 결국 72홀을 완주했다.

골프의 끝판 왕! 26일 연속 999홀 장면 릴스

그날 이후, 2024년 1월 18일, 2024년 6월 6일, 그리고 2024년 6월 10일까지 1년 6개월 동안 총 4번의 72홀 도전을 성공적으로 마쳤다. 이제 람룩카 골프코스에서는 '72홀을 도는 사람'으로 유명해졌다. 마스터들과 캐디들은 나를 볼 때마다 "오늘도 72홀을 도느냐?"(완니 쨋씹썽 룸 마이?)라며 인사를 건넨다. 내가 머물렀던 홀인원 콘도의 로비와 식당에는 내 72홀 완주 기념사진이 걸려 있다. 그 사진을 볼 때마다 나는 스스로를 돌아본다.

이 장과 관련된  영상 보기
https://www.youtube.com/shorts/DV2VRsHsPHI?feature=share

### 999홀 도전, 새로운 한계를 넘다

그러던 어느 날, 나는 새로운 도전에 나섰다. 단순히 하루 72홀이 아니라, 연속된 기간 동안 얼마나 많은 홀이 가능한지 시험해 보고 싶었다. 그리고 결국 26일 연속 999홀이라는 기록을 세웠다. 하루 평균 38.7홀을 소화한 셈이었다. 이 도전은 육체적으로도, 정신적으로도 엄청난 경험이었다. 하루하루가 반복되는 것처럼 보였지만, 매일 스스로를 극복해야 하는 과정이었다.

때로는 피로가 누적되어 도중에 포기하고 싶은 순간도 있었지만, 나는 스스로에게 말했다. "오늘 하루만 더 해보자." 그렇게 하루를 넘기고, 또 하루를 넘기며 결국 999홀을 완주했다. 이제, 나에게 72홀 도전은 단순한 기록이 아니라, 스스로를 단련하는 과정이 되었다. 나는 앞으로도 계속 이 도전을 이어갈 것이다. 새로운 기록을 향해, 그리고 내 자신을 더욱 강하게 만들기 위해.

### 72홀의 비용 - 태국 골프의 가성비

72홀을 돌기 위해서는 단순한 체력뿐만 아니라, 비용적인 부분도 고려해야 한다. 한국에서는 하루 72홀을 도는 것이 거의 불가능하고, 설령 가능하더라도 그린피 부담이 상당하다. 하지만 태국 골프코스는 대부분 무제한 라운드가 가능하기 때문에 비용 부담이 크지 않다.

태국의 회원제 골프코스에서는 회원이 하루 1번의 그린피만 내면 추가 라운드에 대한 비용 부담이 없다. 필자의 경우 람룩카 골프코스의 회원으로, 1일 72홀 라운드를 하더라도 그린피는 다음과 같이 책정된다.

- 그린피: 750바트(회원 가격)
- 캐디피: 350바트×4라운드= 1,400바트
- 캐디팁: 400바트×4라운드=1,600바트

  총 비용: 3,750바트(한화 약 150,000원)

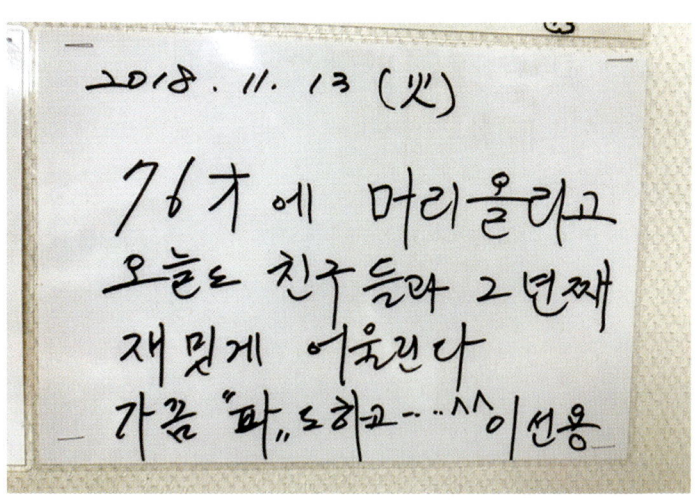

골프장 근처 식당에서 우연히 만난 마음을 울린 메세지

이 가격으로 하루 72홀을 돌 수 있다는 것은 태국 골프만의 장점이다. 한국에서라면 18홀을 한 번 도는 것조차 더 비쌀 수도 있다. 필자는 특별한 일이 없는 한 매일 라운드를 한다. 그러다 보면 자연스럽게 10일, 20일 이상 연속 라운드를 한 경험도 있다. 한국에서는 상상하기 어려운 일정이지만, 태국에서는 가능하다.

### 72홀을 위해 필요한 조건

72홀을 도는 것은 단순한 골프가 아니라 정신력과 지구력의 싸움이다. 72홀을 완주하면 약 28km를 걷게 되고, 걸음 수는 약 55,000보에 달한다. 이를 위해 필자는 매일 아침 400개의 스쿼트, 70개의 팔굽혀펴기, 3분 플랭크를 꾸준히 실천해왔다. 강한 정신력이야말로 이 도전의 가장 중요한 기반이다.

지구력과 집중력을 유지하기 위해 식단도 중요하다. 채식 위주의 식단이 유리하다. 채식은 소화에 부담을 덜 주면서도 필요한 영양소를 고르게 공급해준다. 필자의 경우 과일과 채소 위주의 식사를 하며, 단백질은 두부, 콩, 견과류 등 식물성 재료를 통해 섭취하고 있다.

또한 힘으로 치는 골프 스타일로는 절대 72홀을 완주할 수 없다. 클럽 헤드의 무게를 활용한 간결한 스윙이 필수적이다. 특히 손목과 어깨의 긴장을 풀고, 하체 중심의 스윙을 유지하는 것이 장시간 플레이에 큰 도움이 된다.

그리고 골프장의 협조와 캐디의 역할도 빼놓을 수 없다. 72홀을 돌기 위해서는 캐디마스터의 배려로 원활한 플레이 진행이 보장되어야 하며, 캐디 또한 긴 라운드 내내 지치지 않고 끝까지 집중력 있게 도와줄 수 있어야 한다.

이 모든 조건이 맞아떨어질 때, 72홀 완주는 단순한 도전을 넘어 '가능성의 증명'이 된다.

### 한계를 넘어선 도전의 가치

이제 72홀은 더 이상 특별한 도전이 아니다. 그것은 나의 일상이 되었고, 자연스럽게 받아들이는 하나의 과정이 되었다. 앞으로도 기회가 된다면 계속 도전할 것이다. 그리고 독자 여러분도 한 번쯤 도전해보기를 권한다.

사실, 나는 사람들이 왜 마라톤에 도전하는지 이해하지 못했다. 스스로 한계를 시험하고, 극한의 정신력을 발휘하며, 마지막까지 완주하는 것이 왜 그렇게 중요한지 공감하기 어려웠다. 하지만 72홀 도전, 그리고 26일 연속 999홀을 완주하면서 그 이유를 조금은 알 것 같았다.

골프코스에서 매일 38.7홀을 소화하며 스스로의 한계를 극복해야 했던 순간들, 지쳐 쓰러질 것 같은 순간에도 한 걸음 더 내디뎌야 했던 과정들이 마라톤과 다르지 않았다. 체력이 한계에 다다를수록 중요한 것은 몸이 아니라, 정신력이었다. 그 극한의 과정 속에서 나 자신과 끊임없이 대화하며, 포기하고 싶은 순간을 이겨내야 했다.

여러분도 자신의 한계를 시험해보고, 새로운 도전을 해보는 것은 어떨까? 골프뿐만 아니라, 일상에서도 끊임없이 도전하는 것이 삶을 더욱 의미 있게 만들어 줄 것이다.

# 건강하게 나이 들기
## - 식습관과 루틴으로 지켜낸 활기찬 노후

**내 몸을 위한 공부, 책장에서 시작되다**

은퇴 후, 내 삶의 가장 큰 관심사는 단연 '건강'이었다. 우리는 흔히 "건강하세요"라고 인사를 나누지만, 정작 건강을 위해 적극적으로 실천하는 사람은 많지 않다. 운동만 하면 된다고 믿거나, 술을 마셔도 운동으로 상쇄된다고 생각하는 경우가 있지만, 그것은 기분만 좋게 할 뿐 진정한 건강을 가져다주지는 않는다.

건강의 핵심은 결국 식습관에 있다. "당신이 먹는 것이 곧 당신이다(You are what you eat)"는 말처럼, 나는 음식이 최고의 약이라는 사실을 절감했다.

내 몸을 위한 공부, 책장에서 시작되다

『어느 채식의사의 고백』(존 맥두걸)이라는 책을 읽은 뒤 큰 충격을 받았고, 그때부터 생식, 자연식, 건강식에 대한 공부를 시작했다. 관심은 점차 넓어져 마이크로바이옴, 대사 시스템, 질병의 원인까지 이어졌으며, 태초먹거리 세미나를 통해 장 건강과 전통 발효식품의 소중함까지 배워 실천하게 되었다.

### 태초 먹거리 옥천학교, 건강가족 프로그램 참여의 하루

건강한 삶을 위한 식습관 전환은 쉽지 않았지만, 그만큼 가치 있는 여정이었다. 결론은 명확했다.

*통곡물, 식물성 단백질, 채소와 과일 중심의 식단, 그리고 육류와 가공식품을 피하는 것*

코로나 시기를 거치며 외식이 줄어든 덕분에 자연스럽게 집밥 위주의 건강한 식습관이 자리를 잡았다. 친구들은 "나이 들면 근육이 빠지니 고기를 먹어야 한다"고 걱정했지만, 나는 내 방식을 고수했다. 고

깃집에서도 고기는 건너뛰고, 상추에 밥과 된장을 싸 먹는 것만으로도 충분했다.

### 매일 아침, 나를 지키는 루틴

-건강한 하루는 아침부터 시작된다.

1. 일어나자마자 미지근한 물을 한 컵 마시며 몸을 깨운다.
2. 이어서 스쿼트, 팔굽혀펴기, 플랭크로 몸을 단련한다.
3. 운동을 마친 뒤에는 사과, 당근, 양배추, 견과류, 삶은 달걀로 구성된 간단하고도 건강한 식사로 하루를 연다.

이 아침 루틴은 몇 년째 이어져 오고 있으며, 지금의 나를 지탱하는 가장 중요한 기반이 되었다.

태초먹거리 옥천학교, 건강가족 프로그램 참여의 하루

### - 수치로 증명된 변화

이러한 식습관과 생활 습관은 몸과 마음에 분명한 변화를 가져왔다. 정기 건강검진에서는 혈액 지표와 대사 수치가 눈에 띄게 개선되었고, 과거 장내시경에서 발견되었던 선종(용종)도 더 이상 보이지 않았다. 추적 검진 주기는 5년으로 연장되었고, 체중은 줄었지만, 오히려 지금의 모습이 더 건강하다는 평가를 받았다.

건강은 단순한 체중이나 근육량의 숫자가 아니라, 몸의 균형과 조화에서 비롯된다는 사실을 절실히 깨달았다. 그리고 그 균형은 하루하루의 작은 실천과 선택 속에서 만들어진다.

### - 의사의 눈에 비친 나의 건강

얼마 전 친지의 상갓집을 방문한 적이 있다. 모처럼 오랜만에 친지들과 식사를 하면서 그 자리에는 내과 전문의인 먼 친척 동생과 한 살 많은 집안 형도 있었다. 이들은 20년 만에 만나는 사람들이었다.

자리에서 형이 문득 내게 걱정스러운 눈빛을 보내며 말했다.

"왜 이렇게 말랐어? 나이 들면 살이 좀 있어야 하는데…"

그 순간 의사 동생이 형의 말에 웃으며 끼어들었다.

"형, 그런 말씀 하지 마세요. 이 형은 이런 몸을 만들려고 엄청난 돈을 들인 몸입니다."

그 말에 모두가 한바탕 웃었다. 나는 내심 기분이 좋아졌.

"그래도 내 노력을 알아주는 사람은 전문가인 의사밖에 없구나."

수년간의 건강관리와 꾸준한 노력을 의사의 눈은 놓치지 않았다. 때론 주변 사람들의 오해와 걱정이 있을지라도, 건강한 몸을 만들어가는 여정은 결코 헛되지 않다는 것을 다시 한번 확인하는 순간이었다.

### - 건강한 인생 2막을 향하여

건강한 노후는 결코 저절로 주어지지 않는다. 오늘의 식사, 오늘의 습관이 내일의 건강을 결정한다.

나는 앞으로도 지금의 생활을 지켜가며, 활기찬 인생 2막을 걸어갈 것이다.

매일의 작은 선택들이 쌓여 큰 변화를 만들어낸다는 것을 몸소 경험했기 때문이다. 이제 나는 이러한 경험과 깨달음을 글로 담아내며, '건강한 인생 2막'을 기록하는 작가로서의 여정을 시작하려 한다. 하루하루의 노력이 쌓여 이루어낸 건강한 삶의 여정을 같은 길을 걷는 많은 이들과 나누고 싶다.

이 장과 관련된  영상 보기

https://youtu.be/azLVUlAw3GQ

https://youtu.be/x5sPB1kxLpk

# 686개의 흔적
– 그리고 새로운 시작

여행지에서 비로소 나를 마주하다

### 우연한 발견이 가져온 깨달음

은퇴 후 삶의 의미를 찾아 헤매던 중, 나는 우연히 기존에 운영하던 개인 유튜브 채널을 발견했다. 그곳에는 지난 4년간 기록된 "686개"에 달하는 영상들이 쌓여 있었다. 이 개인적인 기록들은 나도 모르는 사이 내 삶의 궤적을 고스란히 담고 있었다.

686개의 영상은 나에게 큰 깨달음을 주었다. 단순한 기록을 넘어, 이 영상들을 통해 더 많은 사람들과 소통하고 싶다는 열망이 생겼다. 그리하여 '건강과 여행'이라는 명확한 주제를 가지고 새로운 유튜브 채널 〈여행한끼TV〉를 시작하게 되었다.

### 여행한끼TV: 은퇴 후 건강과 여행으로 빛나는 인생 2막

〈여행한끼TV〉를 통해 나는 은퇴자의 삶을 보다 활기차고 의미 있게 만들고자 한다. 단순히 취미를 즐기는 것이 아니라, 나의 경험을 기록하고 공유하여 더 많은 이들에게 새로운 도전의 용기를 전하고 싶다.

오랜 시간 골프를 삶의 일부로 즐겨온 나는 이제 골프 컨설턴트로서 쌓은 경험을 살려 실용적인 정보를 〈여행한끼TV〉를 통해 나누려 한다.

### 구체적인 콘텐츠 방향

- 골프 관련 콘텐츠
  - 실전에서 도움이 되는 스윙 팁과 전략 소개
  - 해외 골프 코스 정보와 이용 팁
  - 합리적인 골프 여행 준비 방법

은퇴는 끝이 아니라, 또 다른 우승의 시작

－ 장시간 라운드를 소화하는 체력 관리법

• **해외 생활 정보**
　－ 해외 숙소, 교통, 생활비 등 현지 생활 정보
　－ 물가, 환전, 인터넷, 은퇴비자 등 실생활 팁
　－ 해외 의료시스템 이용 방법(병원, 건강검진, 보험)

• **건강과 취미활동**
　－ 해외 요가, 카페 탐방 등 취미활동
　－ 건강식 체험, 해외 음식 성분 평가와 시장 탐방
　－ 여행지에 만난 아름다운 풍경과 색다른 환경을 영상과 사진으로 공유
　－ 은퇴 생활자의 현지 인터뷰
　－ 텃밭 가꾸기

## 태국 한 달 살기와 건강한 은퇴 생활

특히 태국 관련 콘텐츠는 내가 매년 한 달 이상 직접 체류하며 쌓은 경험을 바탕으로 생생하게 전달할 수 있다. 태국은 단순한 여행지가 아니라, 나에게 제2의 삶을 실현하는 공간이다.

매년 겨울, 태국에서 한 달 이상 머물며 건강한 라이프스타일을 실천해 왔다. 태국은 온도 차가 적어 겨울철 건강관리에 매우 유리하고, 골프·요가·마사지 같은 다양한 활동을 즐길 수 있다.

특히 중학교 시절 절친이 태국에 거주하고 있어, 현지인 못지않은 생생한 정보 제공이 가능하다. 이는 단순한 여행기가 아니라, 실제 생

활에 기반한 살아 있는 안내서가 될 것이다.

### 앞으로의 목표

건강을 지키기 위한 실천은 어느새 내 삶의 일부가 되었다. 이 과정을 기록하고 공유하고자 하는 마음도 점점 커졌다.

나는 앞으로 세 가지 주제를 중심으로 '건강한 인생 2막'을 기록하는 사람으로서의 여정을 함께 걸어가려 한다.

1. 건강한 식생활
2. 운동 루틴
3. 생활 습관 관리

작은 실천들이 모여 만든 변화를 많은 이들과 나누고 싶다.

### 함께 성장하는 플랫폼을 향해

나는 단순히 유튜브를 운영하는 것이 아니다. 실제 경험을 바탕으로 실용적인 정보를 제공하고, 같은 관심을 가진 사람들과 소통하며 함께 성장하는 플랫폼을 만들고자 한다.

앞으로도 "골프, 태국 한 달 살기, 건강한 은퇴 생활"이라는 세 가지 키워드를 중심으로 삶의 질을 높이는 콘텐츠를 제공할 것이다. 나의 이야기가 은퇴 후 새로운 도전을 고민하는 이들에게 작은 영감이 되기를 바란다.

그리고 나 또한 골프 코스 위에서, 태국 거리에서, 일상 속 작은 순간 속에서 계속해서 성장해 나가고 싶다.

닫는 글

## 끝이 아닌 시작, 여행이 준 선물

은퇴는 어떤 의미에서 인생의 쉼표일 수 있다. 그러나 이번 여행은 내게 그것이 끝이 아닌 또 다른 시작임을 말해주었다.

푸른 태국 골프 코스 위에서의 햇살, 수상시장의 분주한 물결, 진리의 성전 앞에서 마주한 고요함은 모두 내 안에 새로운 생기를 불어넣었다.

### 골프, 인생의 축소판

이번 여정 속에서 골프는 인생의 축소판이었다. 완벽한 샷이 나올 때도 예상치 못한 해저드에 빠질 때도 있었지만, 그 모든 순간이 내게 *멈추지 않는 도전*의 가치를 일깨워주었다.

함께 웃고, 서로를 격려하며 나눈 라운드는 스코어보다 훨씬 더 깊은 의미를 남겼다. 몸의 한계를 넘는 동안, 정신의 힘이 얼마나 중요한지도 깨달았다.

여행지의 낯선 골프장에서 만난 사람들, 생애 처음 걸어본 새로운 길들, 때로는 실패하고 넘어졌던 순간들까지 모두 내 인생 2막의 소중한 조각이 되었다.

### 새로운 여정을 향해

이제 나는 또 다른 여정을 준비하고 있다. 그간의 여행에서 얻은 영감과 깨달음을 바탕으로, 삶의 여정을 더 풍요롭게 만드는 방법을 나누고 싶다. 이번 태국 골프 여행은 몸과 마음의 균형, 새로운 도전의 중요성을 일깨워주었다.

'여행한끼TV' 채널을 통해 건강한 삶을 기록하는 사람으로서, 나는 앞으로도 '의미 있는 인생 2막'을 이야기하려 한다. 여행에서 만난 다양한 문화와 사람들, 새롭게 발견한 자신의 가능성을 솔직하게 담아내고 싶다.

나의 작은 기록들이 누군가에게 따뜻한 위로와 영감이 되길 소망한다.

### 계속되는 이야기

앞으로도 '여행한끼TV'에서는 다음과 같은 이야기를 계속 전할 예정이다.
- 골프 여행의 생생한 경험담
- 태국에서의 문화 체험과 일상
- 몸과 마음의 균형을 찾는 방법
- 여행지에서 만난 아름다운 풍경과 다양한 환경을 담은 생생한 사진과 영상

은퇴 후의 삶이 더 풍요롭고 생동감 있게 바뀔 수 있다는 것을, 내 이야기가 누군가에게 작은 용기가 되었으면 좋겠다.

비행기는 착륙했지만, 내 여정은 멈추지 않는다. 건강한 삶을 기록하는 사람으로서, 유튜브 크리에이터로서, 삶의 균형을 찾아가는 탐

험가로서 나는 계속 걸어갈 것이다.

은퇴는 끝이 아니라 새로운 가능성의 문이다. 멈춤이 아닌, 또 다른 출발이다.

이 모든 시간을 함께 나눌 수 있는 친구들과 인연이 있기에 나는 어떤 길도 두렵지 않다. 인생이 잠시 안개에 가려질지라도, 우리는 함께 길을 찾을 수 있을 테니까.

이 책을 손에 든 당신도, 자신의 그린 위에서 찬란한 인생 2막을 걸어가기를 진심으로 응원한다.

**감사의 글**

## 소중한 분들에게 특별한 감사를 전하며…

태국에서의 15일, 그 특별하고도 풍요로운 여정은 결코 혼자 만들어진 이야기가 아닙니다. 함께해준 소중한 분들이 있었기에 가능한 여정이었습니다.

여행 내내 교통, 숙소, 식사까지 세심하게 챙겨준 중학교 친구 김두환 님께 가장 먼저 깊은 감사를 전합니다. 오랜 우정이 낯선 이국의 땅에서 더욱 빛을 발하며, 든든한 버팀목이 되어주었습니다.

함께 라운드를 돌며 웃음과 추억을 나눈 조성만 장로님과 임희필 대표님께도 진심 어린 감사를 드립니다. 여러분과 함께한 골프장은 그 자체로 하나의 이야기였고, 그 기억들은 고스란히 이 책의 한 페이지가 되었습니다.

또한 이 여행기가 한 권의 책으로 세상에 나올 수 있도록 정성껏 출간을 준비해주신 현대작가사의 심명숙 작가님께 깊이 감사드립니다. 추천사를 써주신 박정희 동문과 나의 오랜 벗이자 인생 최고의 베스트프렌드인 김종선 친구에게도 진심으로 감사드립니다. 그리고 바쁜 중에도 흔쾌히 졸고를 읽고 축사를 써준 친구이자 언론인이며 시인인 장건섭 님께도 깊은 감사를 전합니다. 여러분의 따뜻한 글과 변함없는 우정이 책의 품격을 더해주었습니다.

이번 집필 과정에서는 AI 도구의 도움을 받기도 했습니다. 기술과 인간의 협업이 더 나은 표현과 글을 가능케 했음을 밝히며, 그 새로운 가능성에 감사의 마음을 더합니다.

무엇보다 이 책을 읽어 주실 모든 독자 여러분께 미리 감사 인사를 드립니다. 이 여정의 이야기를 함께 나누게 되어 참으로 기쁩니다.

그리고 마지막으로, 가장 소중한 분들에게 특별한 감사를 전하고 싶습니다. 언제나 묵묵히 제 곁을 지켜주며 든든한 동반자가 되어준 아내 박성희 님께 깊은 사랑과 감사의 마음을 전합니다. 당신이 있었기에 오늘의 제가 있습니다.

사랑하는 아들 성열이와 며느리 윤정아에게도 깊은 감사를 전합니다. 나에게 세상에서 가장 소중한 선물인 손주들을 안겨주었기에, 제 인생의 후반부가 이렇게 풍요로워질 수 있었습니다. 그리고 멀리 미국에서 살고 있는 딸 성원이와 사위에게도 항상 부모를 생각해주는 마음에 진심으로 감사를 드립니다.

끝으로, 제 삶의 마지막 페이지에 피어난 가장 찬란한 문장 같은 존재들, 손주 준희와 율희에게 사랑을 전합니다. 나는 세상 누구보다 이 아이들을 사랑합니다. 그들의 순수한 웃음과 반짝이는 눈빛은 제게 새로운 삶의 의미를 안겨주었고, 이 책을 써 내려갈 수 있는 가장 큰 원동력이 되어주었습니다. 그 사랑스러운 존재들 덕분에, 나는 오늘도 더 좋은 이야기를 들려주고 싶습니다.

여러분 모두의 이름으로, 이 책의 마지막 장을 따뜻하게 덮습니다.

## 라운드는 계속된다
여행한끼TV, 골프와 삶을 잇는 작은 기록

인쇄 | 2025년 8월 25일
발행 | 2025년 9월 1일

글·사진 | 조명연
발행인 | 김용언

발행처 | 현대작가사
주소 | 03132 서울시 종로구 삼일대로 32길 36 운현신화타워 305호
전화 | (02)765-2576
이메일 | moonyosk@hanmail.net
등록 | 제336-96-01008호
인쇄·제본 | 신아출판사
주소 | 전북 전주시 완산구 공북 1길 16
전화 | (063)275-4000   이메일 | sina321@hanmail.net
ISBN  979-11-94761-02-0  03810

값 18,000원

잘못 만들어진 책은 바꾸어 드립니다.